インド社会を変えた事件

社会と司法制度の相互関係

ピンキー・アナンド
ガウリ・ゴブルドゥン 著
鳥居千代香 訳

'Trials of Truth is a captivating, stimulating read. I relived the cases through the book with an astute lawyer's perspective'
Soli Sorabjee, former attorney general of India

柘植書房新社

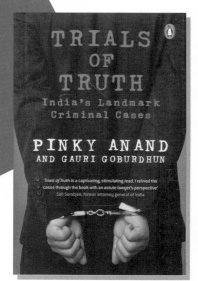

TRIALS OF TRUTH
India's Landmark Criminal Cases
by PINKY ANAND and GAURI GOBURDHUN

First published in Shobhaa Dé Books by Penguin Random House India 2017

Japanese translation published in 2021
by Tsugeshobo Shinsha Publishers, Tokyo
by arrangement with Penguin Random House India
through Dr. Chiyoka Torii

インド社会を変えた事件◆目次

はじめに

私は幸運にも弁護士であり、公人として人生を変えるような体験ができました。この三十五年間、法律の劇的な変化や、そうした法律が社会にどう強い影響を与え、社会の考え方を変えることになったかを目にしてきました。そのような影響を与えた裁判のいくつかに、特に、女性の安全問題に人々の関心を持たせることになった画期的な事件や、ジェンダーの問題に関係した犯罪にかかわりを持てたのは、女性として幸運でした。

私は法律をあるべき理想的な社会をつくる要因だと考えています。このことをハーヴァード大学法科大学院の一人の教授から徹底的に教え込まれました。私が弁護士になりたいと思った動機の一つは、世界に変化を起せるかもしれないというものでした。

社会問題に関係するようになったのは大学生の頃で、純粋な「正義感」からでした。法学を学ぶ学生として、デリー大学で政治活動に積極的に参加し、デリー大学学生自治会で初の女性幹事に就任しました。このような体験から、弁護士になり、私達の制度を現状から、あるべき姿に変える事もできるのではないかと思う気持ちが強くなりました。

人と司法制度の相互関係が維持できてきた要因の一つは、「真の正義とは何か」と「真実だけが勝利する」という理想が再現されたからだと思います。こう学んだのは、プリヤダルシニ・マトゥやジェシカ・ラル事件[*]からも明らかです。論争の的となった事件で市民社会を巻き込んで起った目に見える変化の一つは、著名な被告人は罪を免れる、という古い考え方が否定された事です。もう一つ私達が見慣れた世界を変えた事件は、ニルバヤのレイプ事件[**]でした。女性に対する犯罪で、被害者を侮辱・非難する従来の考え方を問い直すきっかけになったのです。もっと厳しい法律や法を施行する手順、安全を確保する道を開いたのです。さらに重要なことに、女性がどう感じるかが一番重要であり、犠牲者になってしまったことを恥だと思うべきでない、むしろ、受けた苦しみに償いを要求すべきと変化したのです。

＊訳注　共に第5章参照。
＊＊訳注　第1章参照。

私が関係した事件がどう社会を変え、ある事件では、社会のほうが法律をどう変えたのか伝え、共に考えていきたいと思い、本書を書きました。法律を変化の手段と考えると、互恵的関係があるのに気がつきました。

最初に本書を書こうと思ったのは、二〇一六年にジャイプール[*]で開催されたジー[**]・ジャイプール文学祭でショバー・デ***に出会った時でした。二人が話しあったのは、法律にかかわる事件について人々が知りたいと思っている事、法規定の実情、事件で実際に何が起り、犯罪にかかわる人達について詳しく知りたいと思っている事、制度がどう機能し、責任を果たしているのか理解したがっているなどでした。これは変った取り組みでしたが、私はこの問題に興味をそそられ、すぐに問題をはっきりさせたいと思いました。

＊訳注　インド北西部ラージャスターン州の州都。
＊＊訳注　インドのテレビ局の名。
＊＊＊訳注　インドのコラムニストであり小説家。

しかし、それは簡単な仕事ではありませんでした。私達は弁護士として、法律の輪郭を固定観念で論じたり、分析したりするのに慣らされています。一部の法制度は複雑で専門的な事柄です。あえてそれを好ましく興味深いものにしようとするのは別問題です。

事件が私達に、そして私達の共通の考え方に、どのような影響を及ぼしたのかよく理解しようと、私の記憶に残っている事件を記録しておくことにしました。

刑事裁判とその経過は、常に一般の人々の強い好奇心にさらされてきました。何があったのか、なぜそれが起ったのか、正義は勝利するのか人々は知りたがっています。金、財産、業務に関係する民事裁判と異なり、刑事裁判は人々の気持や感情を呼び起します。刑事裁判のすべての面を市民社会*が見守っている、ただ見守るだけでなく、理論づけ、分析し、意見を述べるのを見てきました。人々の適切な正義のとらえ方と、法理学上の正義と著しい相違がある事件もあります。そのような事件は何年も私達に共感と強い影響を与えてきました。

＊訳注　自由・平等な個人によって構成される近代民主主義社会。

本書で扱うどの事件も私達の心に、琴線に触れたものです。ニルバヤやジェシカ・ラル、ナイナ・サーニ*、あるいはヴィドヤ・ジェイン**の事件であれ、彼女達を扱う章で一貫したテーマは、女性が中心で、彼女達の非常に傷つきやすい面に光を当てています。

＊訳注　第8章参照。
＊＊訳注　第9章参照。

こうした事件を通して知るもう一つのテーマは、市民社会の積極的行動主義です。それによって私達は身の毛のよだつ、あるいは、むごいと感じる犯罪の弁明を求めます。刑事司法制度には欠点として取調べの遅れや失敗といった問題があることも確かです。しかし、刑事司法制度の面でのもたつきがあれば、市民社会が事件をそのままにしないで、犠牲者を助けて、正義を守っています。

本書は法律家と法律家でない人達のギャップを埋め、事件を詳しく紹介し、真実を明らかにし、関係した人達やレーゾン・デートル、[*]社会的影響や正義のなりゆきを理解しようとする私のささやかな試みでもあります。

各章の事件を通して、弁護士として自分自身が成長しようと努めてきました。私の正義のとらえ方や、本書で扱った事件から影響を受けて、（ユートピア的な）犯罪のまったくない社会で必ずしもなくても、せめて正義が行われ、行われるのが見てわかるもっと良い世界が実現できるよう努力していきたいと思っています。

＊訳注　raison d'être（フランス語）、存在価値、存在理由。

ピンキー・アナンド

インド全図

ラダック(直)
ジャンムー・
カシュミール(直)
中国(チベット自治区)
ヒマーチャル
プラデーシュ州
パンジャーブ州
シムラ
チャンディーガル(直)
パキスタン
ハリヤーナー州
ウッタラーカンド州
(ウッタラーンチャル)
デリー(直)
ニューデリー
ネパール
シッキム州
アルナーチャル・
プラデーシュ州
ブータン
ラージャスターン州
アーグラー
ラクナウ
ジャイプール
ウッタル・
プラデーシュ州
ビハール州
アッサム州
ナガ
ランド州
ジョドプール
グワーリヤル
メガラヤ州
ヴァラナシ
(バナラス)
ブッダガヤー
バングラ
デシュ
マニプル州
グジャラート州
ジャール
カンド州
ミゾラム州
マディヤ・プラデーシュ州
西ベンガル州
ディーウ(直)
ラーンチー
トリプラ州
コルカタ
(カルカッタ)
チャッティー
スガル州
ダマン(直)
マハーラーシュトラ州
ミャンマー
オリッサ州
ガンジス河口
ムンバイ
(ボンベイ)
プネー
(プーナ)
アラビア海
ハイダラーバード
ベンガル湾
テーランガーナー州
ゴア州
アーンドラ・
プラデーシュ州
カルナータカ州
ベンガルール
(バンガロール)
チェンナイ
(マドラス)
ポンディシェリー(直)
アンダマン諸島(直)
ラクシャ
ドウィープ諸島(直)
ケーララ州
タミル・ナードゥ州
マドゥライ
モルジブ諸島
スリランカ
ニコバル諸島(直)
(直) 連邦直轄領

第1章　ひるまない女性——ニルバヤ集団レイプ事件

二〇一二年十二月十七日の朝、お茶を飲んでいる時に、「レイプされ、ひどい負傷を負った若い女性をサウス・デリーの路上で発見」という新聞の見出しが目に入った。走っているバスの中でレイプされ、重態だと報じられていた。このひどすぎる事件が国民の怒りを燃えたたせ、私達の社会を見る見方を変えることになるとは、その朝はあまり実感がなかった。

私達の行動や善悪の道徳感に影響を及ぼし、コントロールする大きな組織の中で、一人ひとりが小さいが必要な歯車の歯のような存在である。

たとえ社会で受け入れられるふるまいと、そうでないものについて、私達が共通の考えを持っていても、ある問題で、ある考えに異議を唱える時がある。そうした場合、非常にひどいことが誰かの身に起り、制度がいざという時に彼や彼女の役に立たなかったかを応接間でする話のレベルに落とされてしまうことがよくある。私はこの頃、そうした悲劇にどうして社会は消極的な傍観者でしかないのかと嘆き、「何か」する必要があるのではないかと人々が漠然と話すのを何度も見てきた。

二十三歳の女性が集団レイプされ、殺害された事件に私達が集団となって怒り、憤ったのは、歴史の中で、しなければならない「何か」について漠然と話していた事が、具体的な形になったからだった。大規模な抗議活動は、人々の力を全面に押し出し、既存制度に依存する事に異議を唱えているようだった。女性には安全でないと考えられたニューデリーの街は、今まで見たこともない大きな激しい抗議活動の場になった。二〇一二年十二月に起きたこの事件の影響は、私が本書を書いている時でも、バス、オート・リクシャー*、タクシーのような乗物に張りつけているポスターの形で目にする。これが上手くいくと、女性への無慈悲な態度や女性のモノ化**を変えるきっかけになるだろう。

*訳注　原動付き軽三輪車。インド中で見られ、タクシーより低料金。
**訳注　人間を意思や感情を持たないモノとして見る事。

§

私達の国の首都ニューデリーは、七つの都市から建造され、何度も征服、略奪、再建を繰返し、独自の魅力を蓄えてきた。街はサウス・デリーのあかぬけした新しい居住地とオールドデリーの古く趣のある魅力を持つ街、新旧が混ざり合っている。考え方も現代的なものと伝統的なものとが混在している。十二月の寒い夜に、ウッタル・プラデーシュ州*のバリア県から来た二十三歳の医学生がこのサウス・デリーの通りで、とてもひどい犯罪にあったのだ。その宿命的な夜の彼女の体験は、私達をひどく動揺させた。彼女の死は、私達が文明化した社会に暮しているのかと疑問を持たせることになった。彼女は、貧しい人々に無料で医療を提供したい、自分の家族を経済的に助けたい、伝統的男性優位社会で女性が大きな夢を持てないという考え方を変えたいと願う理想的なインド女性だった。古いインドと新しいインドの橋渡しのような存在で、息苦しい固定化された生活から抜け出そうとしているインドの多くの若者の一人だった。彼女は私達の娘、隣人、友人、姉、妹……誰でもあり得た。

＊訳注　ニューデリーがある連邦直轄領デリーの隣の州で、インドの州の中で人口が最多。州都ラクナウ。観光都市アーグラーには世界遺産タージ・マハルがある。

私達は「ニルバヤ*」が耐えた恐怖・陵辱に心を打たれ、国民一人ひとりがそれを感じられるようだった。事件は大規模な市民の抗議運動になっただけではなかった。刑事司法制度においても、現実面でも行政面でも大変革をもたらした。

＊訳注「恐れなし」。本名ではないが、人々は彼女をこう呼んだ。

濃霧のかかったデリーの寒い夜に、ニルバヤは男の友人とサウス・デリーのサケット＊にある映画館で『ライフ・オブ・パイ』＊＊を観て、家に帰るところだった。二人は自分達の家があるニューデリーの郊外に連れていってもらうためにオート・リクシャーを見つけようとした。乗物で四十五分も乗れば着けたが、それが見つからなかった。他に方法がなく、ムニルカからドワールカまで、午後九時半頃、走っていた非番のバスに乗った。どう見ても夜の遅い時間ではなかった。それに彼女は一人で外出しているのではなかった。二人は公共交通機関に乗ったのだ。彼女は、世界中の女性達が言われている身の安全を守るためにしなければならない事は全部していた。

＊訳注　ニューデリーの高級住宅地。

＊＊訳注　アン・リー米監督映画『パイの人生』。これには「トラと漂流した二百七十七日」という副題がついているようにインドの少年パイの冒険物語。

バスの中には男の乗客五人と男の運転手が一人いた。最初は普段と何も変らないように思われた。だが二人がバスに乗るとすぐに事態が悪くなった。バスは普通のルートからはずれ、ドアが閉められた。運転手が電気を消した。乗客のうちの三人、ムケーシュ・シン、アクシャイ・タクール、ムハマド・アフロズがぶしつけな態度になり、彼女の男友達に、遅い時間に女性といる理由を尋ねてきた。彼はそれに抗議した。言い争いが始まり、つかみ合いになった。それは普通のつかみ合いでなく、死に至るものだと二人は知らなかった。その後、私達の人間性、人間性への信頼が再び復活するのを知らなかった。青年は続けざまに殴られ、口に物を詰め込まれ黙らされて、さらに鉄棒で気を失うまで殴られた。

次に起った事は想像を絶する。新聞記事によると、カーテンを引いたバスは、一時間以上、デリーの街を走り回った。男友達は気を失っていたが、その間、彼女は一人ひとりの男にずたずたに傷つけられ、殴られ、レイプされた。

どれほど負傷しようと男達は情け容赦がなかった。彼女の性器に鉄棒を差し込むという最悪の事までした。この鉄棒は、後に発見されたが、ジャッキだった。

暴行されてから、ニルバヤと友達は金品を奪われ、走行中のバスから投げ出された。加害者が二人を生かしておいてはいけないと話していた事実を最高裁判所の判決は述べている。

犠牲者二人は、マヒパルプルへ向かうヴァサント・ビハールの道路に、ほとんど裸の状態で意識を失って倒れていた。何人かの人や、何台かの乗物も二人のそばを通ったと思われるが、このような道路事故に関わりたくなかったのか、誰も止って助けようとしなかった。二人は約四十五分間、半裸で道路に投げ出されたままだった。夜十一時頃、やっと一人の通行人が二人を見つけ、警察に通報し、近くのサフダルジャング病院に運び込まれた。ニルバヤは人口呼吸器を装着された。彼女は重症を負っていたので、緊急手術の必要があった。不運にも彼女の傷は一回の手術で終らず、種々の手術を受ける必要があった。最後の手術で腸のほとんど全部が取り除かれた。事件は一般の人々の想像力を過度に刺激し、大騒ぎになり、ついに当局は治療のために彼女をシンガポールに送ろうと決定した。

ニルバヤはマウント・エリザベス病院*の多臓器移植専門センターに移されることになり、十二月二十七日に運ばれた。彼女はシンガポールまで傷病者緊急輸送機で六時間の飛行中に気を失い、二度と意識を回復することはなかった。

*訳注　東南アジア最大のシンガポールの私立病院。最新医療の設備が充実している。

彼女が飛行に耐えられる状態かどうか、ニュース番組で盛んに論争が行われた。国中の人々がかたずを飲んでニュースを追い、彼女の回復を願った。私もその一人だった。若い女性が生きようと必死に戦っていた。そして国中が彼女の回復を願い祈っていたが、かなわなかった。みんなが「ニルバヤ」という名前で知った女性は、二〇一二年十二月二十九日の午前四時四十五分（インド時間）に負傷のために死亡した。彼女の遺体は厳重に警戒されて、デリーで荼毘に付された。

最高裁判所の判決の抜粋には、彼女が恐ろしいほど負傷していたことを詳しく述べている。「事実審裁判所は、犠牲者の完全な消化管が、十二指腸のあたりから肛門括約筋から五センチまで完全に損傷を受けていたと記録している。それは回復できないものだった。空腸*損壊の原因は、鉄棒が膣と、そして／あるいは、肛門から空腸のところまで差し込まれた事実を示している」。さらに、「敗血症は体内部の多数の損傷が直接の原因だった」

＊訳注　十二指腸と回腸の間にある小腸の一部。

事件が起って数日のうちにデリーを本拠にしたタブロイド新聞が犠牲者の本名を公表してしまった。それに対してデリー警察は、レイプ犠牲者の家族の同意がなければ、女性犠牲者の身元を明かすのはインド刑法第二二八（A）条で犯罪になると、タブロイド新聞の編集長を刑事告訴した。

犠牲者の父親の言葉がその後すぐ発表された。「私達は世界に娘の本当の名前を知ってほしいと思います。娘は何も悪いことをしませんでしたが、自分の身を守りながら死にました。私は娘を誇りに思います。本名を明かすことは、このような性暴力を受け、耐えている他の女性を勇気づけます。そうした女性達は娘から力を得るだろう」

どんな街の片隅にも抗議する人達が集まり、怒りと不信が渦巻いていた。人間は生来、善であ

Protesters march with candles at Jantar Mantar on Wednesday.
RAJ K RAJ / HT PHOTO
ニルバヤの死に抗議する男女（『ヒンダスターン・タイムズ』紙、2012年12月27日。訳者提供）

るという考えを揺るがすようなやり方で、私達の一人が殺された。私が生まれてからずっと暮らしてきた都市が、私、私の愛する人達にも安全でないと感じられた。そしてその不安がみんなを駆り立てた。

インドの若者は、もうたくさんだと思ったようだ。女性達も同じ気持だった。ロウソクを灯した徹夜の祈り、一般大衆の静かな集りで、デリーはみんなの権利のために戦う準備ができているように思えた。警察は「緊急処置部隊」に出動を命じ、デモを規制しようとした。デモ参加者は警棒、催涙ガス、高圧放水砲に臆せず立ち向った。デモの広範囲な広がりが私には現実の事のように思えなかった。当時、インドのどの街でも目撃した大規模なデモをそれまで目撃したことがなかったからだ。

警察は犯罪が起ってから一日で容疑者を割り出し、逮捕に乗り出した。運転手は仲間が車内で卑劣な行為をしている間、バスを走らせていたが、その途中にある「ホテル・デリー・37*」の監視カメラがバスの映像をとらえていた。黄色と緑のしま模様の白い車で、デリーにある一つの学校が借りている私用バスだと特定する助けになった。警察は運転手がラム・シンだと割り出した。

＊訳注　三つ星の宿泊施設。

六人の男が逮捕された。ラム・シンと弟のムケーシュ・シンはラージャスターン州で見つけ出された。ジム指導員ヴィナイ・シャルマと果物売りパワン・グプタの二人はデリーで逮捕された。アクシャイ・タクールはアウランガーバード*のカルマラハング村で十二月二十一日に逮捕され、ウッタル・プラデーシュ州のブドーン県出身の十七歳のムハマド・アフロズはデリーのアナンド・ヴィハール・バスターミナルで逮捕された。アフロズは犯行当日に初めて他の犯罪者達に会ったばかりだった。

＊訳注　インド中西部のマハーラーシュトラ州にある都市。

二〇一二年十二月十二日の夜、まずこの六人は運転手ラム・シンの家で夕食を食べた。彼はヤダヴ旅行会社の従業員だった。六人はバスでドライブをして、誰かを襲って強奪し、運を試してみようと計画を立てた。ニルバヤと男友達をバスに乗せる前に、ラム・アダルという大工からすでに金品を奪っていた。

六人全員が裁判にかけられた。正義を求める闘いは長く複雑で、何カ月も続いた。罪名はレイプ、誘拐、殺人だった。二〇一三年三月にバスの運転手、ラム・シンは、自分の着ていた服を使い、独房で首を吊って自殺しているのが発見された。

ムハマド・アフロズは少年司法委員会により、犯罪の当日は十七歳と六カ月だと判断された。警察は、正確に年齢を確定するため、骨形成検査を要求したが、少年司法委員会に拒まれ、アフロズは少年裁判所で単独に裁かれた。彼の犯罪容疑が極度に暴力的であったために、成人として起訴するように要求する請願書が正式に提出されたが、少年司法委員会に退けられた。*

＊訳注　二〇一五年に可決された少年司法法では、十六〜十八歳の少年が凶悪行為に関与する場合に大人として裁かれることになった。本章後出。

アフロズは二〇一三年八月三十一日に少年司法法で、レイプと殺人で有罪が宣告された。裁判所は彼に矯正施設で三年の拘禁刑を下した。この期間には裁判が始まってから拘置されていた八カ月も含まれていた。アフロズは凶悪な犯罪に関係し、警察が提出した起訴状にそのように述べられていても、彼が女性を一番残酷に扱ったという証拠にはならないと少年司法委員会は考え、インド刑法第三〇七条、第三九六条、第三九七条の下での罪が解かれた。しかし犯罪の陰謀をもくろむ罪を犯したと考えられた。女性と友達は陰惨な暴力を受けたが、アフロズは二〇一五年十二月二十日に釈放された。

釈放前の二〇一五年九月半ばに、デリー高等裁判所にムハマド・アフロズの釈放停止を求める訴えがあった。裁判所に提出された一番の問題点は、「少年司法委員会に矯正施設に送られた罪を犯したと考えられる未成年者を、社会復帰に必要な矯正ができたかどうか事実も確かめないで、命じられた拘置期間満了で釈放できるのか」だった。しかし、デリー高等裁判所は未成年受刑者に釈放停止を命じるのを拒否した。制定法と法規定により未成年者の釈放停止はできないという意見だった。裁判所はまた釈放後の社会復帰について、受刑者、彼の後見人達、デリー政府の役人と協力し合うように少年司法委員会に求めた。アフロズの釈放停止を求める請願者達は、未成年の受刑者が矯正できておらず、二〇一一年九月七日のデリー高等裁判所爆破事件に関与して有罪判決を受けたもう一人別の未成年者とのつながりでアフロズが過激になっていたことや、彼の精神状態を確認する資料がないことを指摘した。インド刑法は構造では矯正のためであり、ほとんどの事件で矯正が可能だと信じられており、被告人が未成年者であると強く擁護される。アフロズは釈放前の法律と、未成年者を矯正するという考えで釈放された。

「デリー女性委員会*」は、アフロズを釈放しないよう最高裁判所に請願した。デリー女性委員会はアフロズの精神状態を判断するため、観察施設で未成年者を訪問する委員会の設立を当時の首席裁判官に申し立てた。二〇〇九年のデリー少年司法法（子供のケアと保護）法の規定第三十二条で、最後の手段として長期の施設保護を認めるべきだと訴えた。しかし、最高裁判所は高等裁判所の判決を支持した。

*訳注　インドには過去から根ざした伝統や慣習からくる女性の問題が多いことから、二十世紀末頃に女性達からの要求でインド政府が設立。活動内容は拙訳書『インドの女性たちの肖像』〔柘植書房新社〕参照。

残る四人の容疑者の裁判は、サケット裁判所*で迅速に進められた。インドの裁判で一番の速さ、十カ月以内という速さで、有罪が確定し、死刑が下された。

*訳注　デリーのサケットにある地方裁判所。

二〇一四年三月十三日にデリー高等裁判所は、死刑が宣告される「まれな種類の中でも最もまれな」事件として死刑を支持した。

二〇一七年五月五日に、最高裁判所も被告人達に死刑を確定した。ディパック・ミスラ裁判官、R・バヌマティ裁判官、アショク・ブーシャン裁判官からなる三人の裁判官は、事件が衝撃のうねりを巻き起したと述べて心痛を表した。

判決文で次のように述べた。

私達は犠牲者の陰部に鉄棒を差し込む最も陰惨で残酷な行為を伴い、若い女性を容赦なく集団レイプし、殺害した事件に対し、ふさわしい判決を下すためにここにいる。犯罪は六人が黙認のうちに共謀して、乗客を引き寄せ、二人に対し罪を犯す意図で、公共交通機関と見せかけバスを走らせるという度が過ぎる行為で犯したものであった。犠牲者とその友人は、犠牲者を凌辱し、苦しめようと悪意を持って、ムニルカバス停留所からバスに乗せられた。被告人は犠牲者を誘拐しただけでなく、集団でレイプを働き、彼女にオーラルセックスを強要するという異常な罪を犯し、彼女の唇、両頬、胸に噛みつき、生殖器に鉄棒を差し込み、膣、空腸、直腸を裂くという衝撃的な負傷を負わせた。極悪非道な犯罪、性的倒錯者の精神状態に驚く。その上、バスで轢いて彼女を即座に殺せなかったために、重傷を負わせて冬の夜に半裸でバスから投げ落とした。

最高裁判所から任命された法廷助言者（係争中の事件の問題点について第三者の立場から助言するように最高裁判所が任命した者）、ラマチャンドランは、刑罰を和らげる境遇について考慮するべきだという理由で判決に反対した。しかし、裁判官は厳しい見方をして、次のように述べた。

私は現在の事件であらゆる環境要因や酌量すべき情状を考慮に入れている。適切な刑罰を科すことは、犯罪に処罰を求める社会の叫び声に裁判所が答えるものである。国民の犯罪に対する憎悪を示すべく罪にふさわしい刑罰を裁判所が科すべきだと裁判官は考える。今回私達が扱っているような犯罪を寛大に扱うことはできない。被告人の年齢の若さ、貧しい環境という要因は、責任軽減事由に当らない。同様に、犯行後の被告人の悔恨、犯行後の良き振る舞い、生い立ちや家庭状況についての被告人の供述、年齢、前科がないこと、刑務所内での規律を守る行為は、私の考えでは、酌量すべき情状にはならず、「まれな中でも最もまれな」種類からはずすことはできない。宣誓供述書で被告人が供述した境遇は責任軽減事由には十分でない。

現事件は明確に「まれな中でも最もまれな」カテゴリーに入るものであり、本件ではいかなる他の刑罰も「考えられない」。もし死刑判決に値する事件があるとすれば、それは正にこの事件である。集団レイプを犯し、不自然な性行為、犠牲者の膣に鉄棒を挿入するといった被告人達のおぞましい行為が「まれな中でも最もまれな」犯罪のカテゴリーに入らないというのであれば、他にどのようなものがあるだろうか。

事件の衝撃が大きすぎて、急に全部の組織が動き出した。誰かが電球のスイッチを入れたようだった。事件があってから六日後にはもう最高裁判所の元裁判官J・S・ヴァルマが率いる委員会が設置され、刑法を熟慮し、改正が提案され、実際に、それを抑止力にしようとした。委員会は委員会報告書を提出するのに三十日の猶予が与えられた。先例と違って、委員会は、一般の人々、法律専門家、弁護士、社会のさまざまな組織体から受け取った八万件以上に及ぶ提案や請願を考慮し、二十九日で報告書を準備した。報告書は女性に対する犯罪は、政府と警察の失敗が原因だとはっきり二つを結び付けて述べられていた。報告書の主な提案は、死刑の刑罰がレイプを思いとどまらせていないのだから、レイプを死刑でなく終身刑で処罰する事と、このような事件で、デリー警察の統制のなさをなくす事だった。だが、委員会は未成年者の公的年齢を十八歳ではなく十六歳にする事には反対だった。

刑法改正法（二〇一三年）でもレイプの定義が拡大され、女性の性器、尿道、あるいは、肛門に物体や体の一部の挿入、オーラルセックスも含まれることになった。

レイプについての刑罰は、最短で七年で、終身刑に延ばすことができる。

レイプを犯せば、警察官、診療所員、陸軍人員、刑務所職員、公務員であっても、少なくとも十年間は投獄される。終身刑や死刑になるレイプは、犠牲者の死亡や植物人間の状態になる事と規定された。集団レイプは、改正法では、最も短くて二十年の刑罰になると規定された。

新しい改正法では、「同意」を、特定の性行為をする明白な同意を意味すると定義し、さらに拒絶がないことが同意を意味しないとまで明確にした。同意がない事は、レイプの罪が成立する重要な要因となる。

このように二〇一二年の残酷なニルバヤ集団レイプ事件は、司法が現在のレイプ法と解釈する法律に大きく変化するきっかけになった。「セックスの常習者」と「膣への挿入」という昔からあるレイプの考え方は、女性が性的暴行をどのように受けたか、もっと正確に答える構造に取って替わった。「膣への」挿入だけを問題にする男性中心主義の考え方を否定し、「自然な」か「不自然な」性器挿入だったかが問題になる。

事件から三年後に未成年のアフロズが釈放され、各方面の人々の激怒は、正義がかなわなかったと感じるものであり、あのような凶悪事件を起した少年の釈放は、彼と同年齢の者に同じ罪を犯すのを奨励しているようなものだ、と感じる犠牲者の両親の気持を反映していた。そうして、議会議員は未成年に関する法律を変える提案をすることになった。二〇一五年少年司法法の法案が連邦議会*のローク・サバー（下院）とラージャ・サバー（上院）の両方に持ち出された。それは十六歳から十八歳までの者を大人として考える提案だった。法案は、過半数に達しない場合でも通過させたい政府と、ラージャ・サバーで広範囲に討議された。ローク・サバーは二〇一五年五月七日に法案を通した。** 少年司法法（子供のケアと保護）法（二〇一五年）は、二〇一六年一月一日に施行された。

＊訳注　インドの国会の事。上院（ラージャ・サバー、二四五議席、任期六年、二年ごとに三分の一を改選）と下院（ローク・サバー、五四五議席、任期五年）の二院制度。下院が国民を代表し、上院が州を代表するという仕組。

＊＊訳注　ラージャ・サバーは二〇一五年十二月二十二日だった。

二〇一二年に、「セイブ・ライフ財団」は最高裁判所に「公共の利益訴訟」を申請し、負傷者を助けようとする、「よきサマリア人《びと》＊」の保護を求めた。この問題は、恐ろしい事件が起ってから再び注目を浴びるようになった。事件の夜、誰も犠牲者を助けようとはしなかった。二人はひどく負傷し、衣服も十分に身に着けないで道路に倒れたままだった。車、オート・リクシャー、その他の乗物に乗った人々が彼らのそばを通り過ぎたが、誰一人、急いで犠牲者を助け、病院に連れて行こうとしなかった。この無関心に驚く。道路輸送・幹線道路省は二〇一五年五月に、よきサマリア人の保護のためのガイドラインを正式に発表した。

＊訳注　『新約聖書』ルカによる福音書１０章３０～３７節、困っている人に援助の手を差し伸べる情け深い人。

何が間違っていたのか

バスは学校が借りていた車両だったので、事件のあった時間に道路を走ることは許されていなかった。輸送の組織網がよく組織され、当局が絶えず警戒していれば、事件は起らなかったはずである。警察の車が被害者のもとにやっと着いた時、二人がバスから投げ出されてから四十五分が経過していた。

デリー政府は状況を改善するために重大な措置を講じたが、それに二年かかった。二〇一四年までにGPS*追跡システムが六〇二一台のデリー輸送会社（DTC）のバス、四万五〇〇〇台のオート・リクシャー、五五四九台の貸し切りバスに設置された。しかし、ある程度まで全般的に成功している手段は、DTCの夜間サービスシステムで、二〇一四年にはバスが四十二台から八十五台に増えた。

＊訳注　全地球測位システム。

二〇一五年には中央政府は、DTCのバスにCCTV**カメラの設置のために、ニルバヤ基金***から十二億五千万ルピーを拠出した。一年後の二〇一六年に、運輸省は二十三人以上の乗客の座席数がある輸送車すべてに、地元警察のコントロールルームが監視できるようGPSに接続したCCTVカメラを設置することを義務化するという草案の通知書を発行した。最近の鉄道予算では、列車に、特に長距離列車にCCTVを設置するのに七十億ルピーがニルバヤ基金から割り当てられた。

＊訳注　閉回路テレビ〔撮像カメラと視聴モニターが有線でつながれたテレビシステム。館内中継、監視カメラ、危険個所のモニターなどに用いられる〕。

＊＊訳注　二〇一三年にインド政府が発表。女性の安全確保に向けた政府とNGOの取組を支援。

ジェンダー不平等は私達の社会の第一の腫瘍のようなものであり、レイプ、人身売買、幼児婚、胎児殺し、名誉殺人は、腫瘍の転移だと考えられている。[＊] インドで、問題があるのは法律が不足していることではない。法律を実行に移す方法であると思う。

＊訳注　世界経済フォーラム〔WEF〕の「世界男女格差レポート二〇二〇」〔二〇一九年十二月十七日発表〕〔Global Gender Gap Index Report 2020〕によると一五三カ国中、一位のアイスランドは男女平等度が世界で一番高く、インドは一一二位だった。日本は過去最低の一二一位と低い。報告書は毎年発表され、インドは日本より上位になっている。日本が順位を落としている理由は、経済と政治の分野のスコアが著しく低いためである。

Court's new date for hanging Nirbhaya convicts: March 3

'Sacrilegious To Victim's Rights To Delay Further'

Abhinav.Garg@timesgroup.com

New Delhi: Further delay in the execution of the Nirbhaya case convicts would be "sacrilegious" to the rights of the victim and for justice, a Delhi court noted on Monday, fixing 6am on March 3 as the fresh date for their hanging.

This means the four men will be executed on the said date, unless Pawan Gupta decides to file mercy or curative petitions at the last minute as he is the only one who hasn't exhausted all legal remedies provided under the Constitution. Though the Delhi high court-laid deadline for Pawan to file curative and mercy plea ended on February 11, authorities, including the President's secretariat and the Supreme Court, are known to be lenient and open to hearing any plea till the last minute in capital punishment jurisprudence.

"Article 21 merely guarantees an opportunity to the condemned convicts to exercise their legal rights. However, whether to utilise the opportunity or not is a matter of choice of the condemned convicts," additional sessions judge Dharmendra Rana observed, pointing out that "convict Pawan cannot be permitted to defeat the ends of justice by simply opting to remain indolent". "After a lapse of 33 months, Pawan has opted to file neither any curative nor mercy petition," the court observed.

ONLY PAWAN CAN DELAY HANGING

MUKESH SINGH has exhausted all his legal options — review plea, curative plea, mercy plea & challenge to rejection of mercy plea in SC

VINAY SHARMA has exhausted all his legal options

AKSHAY THAKUR filed a plea with the President seeking mercy, which was rejected on Feb 5. He hasn't challenged the decision, but even if he does, it is unlikely to delay the hanging

PAWAN GUPTA's review petition was dismissed on July 9, 2018. He has the options of filing a curative petition and a mercy petition

▶Continued on P 8

ニルバヤ事件既決囚の絞首刑日を報じる新聞記事（『タイムズ・オブ・インディア』紙、2020年2月18日。訳者提供）

四年半後、「ニルバヤ事件」は重要な試金石となっている。この事件ほど多くの法律が制定されることになり、また、法律を修正した犯罪は、過去から現在までただの一件もない。ニルバヤの裁判は、ある程度、応分の刑罰を下され、人々の正義感を落ち着かせるだろう。裁判がいつも遅れる国で、限られた時間でこの裁判の判決が下されたことは、一縷《る》の望みとなる。そして、「よきサマリア人」の法律ができ、一般の市民が進み出て、困った人を助けるようになるだろうと期待が持てる。別のニルバヤが、どうすることもできず、この国の道路に横たわらなければならないという事はなくなるだろう。

この事件に死刑の判決を下すのに多くの人が反対した。しかし、R・バヌマティ裁判官の適切な意見のように、事件は国民の良心を揺さぶる「残酷な犯罪」だった。そして言うまでもなく、死刑以外のどのような刑罰も考えられない。

判決が下される日には私達が性暴力の被害者を見る見方がはっきり違っていた。今度ばかりは、いつもと違い、怒りの感情で一杯になった。犠牲者に恥だと思わせる事はできなかった。犠牲者の親族だけでなく、社会全体が、特に、犠牲者になるリスクが男性より高い女性が怒っていた。私は社会が変化するのを目撃した。女性弁護士として私達が何十年も認められるように戦ってきた価値観を、社会が受け入れるのを見た。しかし、残念なことに、その代償は余りにも大きく、若い命が青春の最盛期に急に絶たれることになった。

第2章　神の名において――テロリズム

私達の世界でテロリストの犯罪の遂行でコミュニケーションが重要な役割を果たすようになった。テロリストたちは取締機関が追跡できるデジタル足跡を残す危険性に気がついている。いつまでも消えないデジタル足跡を残さない伝書鳩[*]を使う通信の古い形態に目を向けている。アメリカ諜報機関がウサマ・ビン・ラディン[**]を追跡するのに非常に長い時間がかかった理由の一つは、メッセージや情報を伝えるのに手渡しという古い方法に頼っていたからだ。今日、テロリスト達はコミュニケーションの新旧ミックスした形を使い、メッセージの傍受を困難にしている。

*訳注　訓練して通信に利用する鳩。実用通信距離は約二〇〇キロメートル。

**訳注　〔一九五七―二〇一一年〕サウジアラビア出身のイスラム過激派テロリスト。アメリカ同時多発テロをはじめ数々のテロ事件の首謀者とされる。連邦捜査局〔ＦＢＩ〕における最重要指名手配者の一人であった。二〇一一年にパキスタンで米国海軍特殊部隊が行った軍事作戦によって殺害されたと報道された。

最新のデジタル通信のほとんどすべてが暗号化されている。今、一般的な伝達方法が非常に安全であるという事実もテロリスト達の危険のない伝達を手助けしている。イスラム国*が発表する約七十パーセントの内容は初めにツイッターで発表されると推定される。同じように、二〇〇八年十一月二十六日のムンバイ同時多発テロ事件**では、バングラデシュ国境近くで購入されたインドのシム（ＳＩＭ）カード***がテロリスト達に使われたと報じられた。カードは、しばしば、数日間使用され、それから追跡されないように処分される。パキスタンの手助けをする人間達が恐怖の三日間、衛星携帯電話を使いムンバイに来ていたテロリスト達と話をし、導いた****。彼らは目的をさらに進めるための心の支えと情報をマスコミの放送から手に入れた。襲撃者達は当局を混乱させるため、複数の放送局に連絡し、身代金を要求して、テロリストの攻撃でなく、人質を取っているのだと信じ込ませようとした。現代の通信手段とマスメディアはこのようにしてテロリストの犯罪を成功させるのに重要な役割を演じた。この新時代の相互に影響し合う通信システムはテロに多頭のヒドラ*****の役割を帯びさせることになり、私達が一つの頭を切る技術を開発すると、すぐにまたもう一つ別の頭が生まれ、今日、世界が見たことがない大きな脅威になっている。

＊訳注　ＩＳＩＬ〔アイシル・Islamic State in Iraq and the Levant〕は、イラクとシリアにまたがる地域で活動するイスラム過激派組織で、イスラム国〔ＩＳＩＳ・Islamic State〕とも自称している。二〇二〇年現在では支配地域は非常に小さくなった。

＊＊訳注　二十六日夜から二十九日朝にかけてインドのムンバイで高級ホテル、「タージマハル・ホテル」や鉄道駅など複数の場所がイスラム過激派〔パキスタン系テロリスト集団と見られる〕勢力に銃撃・爆破され、多数の人質がとられ、殺害されたテロ事件。外国人三四人を含む一七二―一七四人が殺害され、負傷者二三九人。この実話を基に制作されたオーストラリア人アンソニー・マラス監督・脚本映画『ホテル・ムンバイ』が日本では二〇一九年九月二十七日に公開。テロリストから宿泊客を守るために奮闘したホテル従業員の姿がリアルに描かれている

＊＊＊訳注　ＧＭＳやＷ―ＣＤＭＡなどの方式の携帯電話で使われている。加入者を特定するためのＩＤ番号が記録されているＩＣカード。

＊＊＊＊訳注　映画『ホテル・ムンバイ』でもイスラム原理主義の急進的指導者に電話で指揮されるテロリストの若い男性達の姿が描かれている。

＊＊＊＊＊訳注　ヒドラ〔ギリシャ神話〕。九頭の蛇でゼウスの息子ヘラクレスに殺された怪物。一つの頭を切るとその跡にたちまち新たに二つの頭ができたという。

テロ防止法のユニークな特徴

世界中のテロについての法律は独特である。適用される法律に悪事を除去しようとする国家や世界の気持をもっと反映すべきである。この部門の法律はある前提がある。その一つ、テロは、本来、多数の人間の陰謀から生まれた行為であるというものだ。行為を犯す計画は場所Xで誰かが練り上げ、数千キロ離れた場所Yで他の誰かによって実行されるというものである。これが陰謀者についての確実な証拠を見つけるのを難しくしている。例えば、一九九三年のムンバイ爆破*の背景でデヴィッド・ヘッドレイとタイガー・メモンが陰謀の中心人物だったが、二人を投獄するのに多くの問題があった。

＊訳注　三月十二日の一日で二五七人が死亡、七一七人が負傷。

ラシュカレ・トイバ*（ラシュカル・エ・タイバ〔ＬｅＴ〕）が計画を二〇〇七年に具体化し始めた時、ヘッドレイは外国人であり、必要以上に注目を集めないだろうから偵察の特命を遂行するのに理想的だと考えた。ヘッドレイは一五〇万ルピー与えられ、その金でムンバイに、表向き移民のためのビジネスの本部を開いた。以前にもヘロイン**の売買のためにそのような事務所を使用していた事があった。二〇〇七年と二〇〇八年にヘッドレイはテロリスト達が多発テロを起す場所を探すために、ムンバイに五回やってきた。彼が陰謀に直接かかわっていても、アメリカの裁判所で彼に有罪判決を下すのは骨の折れることだった。

＊訳注　ウルドゥー語、「敬虔な者の軍隊」の意味。パキスタンを拠点とするイスラム過激派グループ。一九九〇年代結成。目的は南アジアにイスラム国家を導入し、インドのカシュミールに居住するイスラム教徒を「解放」すること。メンバーの多くはパキスタン人かアフガニスタン人。グループはアフガニスタンのタリバン政府や、サウジアラビアの過激派とアルカイダの指導者ウサマ・ビン・ラディン〔アルカイダは彼が一九九〇年頃に組織したテロリストグループ〕と関係があったと考えられていた。

＊＊訳注　モルヒネから作る鎮痛剤。依存性麻薬の一種。

同じく、一九九三年のムンバイ爆破の背景でタイガー・メモンは主要な被告人の一人だった。彼は攻撃の計画を立て、インドに海路で武器を密かに持ち込んだ。しかし、捜査当局に捕まってはいない。ほとんどの犯罪の中心人物は、事件や証拠を長く追跡して初めて明らかになるため、彼を逮捕できなかった。

国家の基盤を混乱させる問題に対し、直接の証拠がなくとも、取り組める法律を作る必要がある。困難があっても、犯罪の社会的影響を認め、人類に対する悪を無くそうとする世界の意向を重じる法でなければならない。
裁判所も問題を部分的でなく包括的に捉える必要がある。例えば、テロ行為が起る可能性についての報道は、一般の人々の心に恐怖をしみ込ませる。実際のテロの報道は逆効果を招きかねない。二〇〇八年十一月二十六日のムンバイ同時多発テロが模範例である。事件についてのマスコミの報道で、インドの特別任務部隊がテロリストを逮捕するのを困難にした。国境の向こう側にいる仲間がテレビのニュース番組に流れる映像を見て、着実にインドにいるテロリスト達を携帯電話で導くことに成功した。テレビの実況報道がテロリストには好都合で、国家安全保障局*の救助の試みを失敗させることになったとテロリスト達にヒンディー語を教えたアブ・ジュンダルが取調官に語っている。

*訳注　インド内務省の下にあるテロ対策部隊。一九八四年にできた。

最高裁判所は、そのような状況でのマスコミの不注意な姿勢を非難し、言論と表現の自由の権利を盾に、テレビ局を守ろうとするのは誤りで、許容できないことだと主張した。犯罪法学について、英国植民地時代の遺物は、警察官の前で行われた自白が「インド証拠法（一八七二年）」の下、証拠として認められないことだ。テロリストに関する証拠は簡単に集められないので、テロ事件では自白は不可欠である。そのため一般的に、犯罪の背景によって、テロ防止法は、「テロ及び破壊活動（防止）法（一九八七年）」と「テロ防止法（二〇〇二年）」でそのような自白が証拠として認められると考える。自白が誤りであることを証明するためには、被告人が自白は権力者の誘導、又は脅しによるものだと証明しなければならない。証言の負担が被告人に移される。

インドの法律でもう一つ目立った特徴は、保釈がテロリストの犯罪には異なっていることである。起訴されたテロリストに保釈の権利はない。「違反行為（防止）法（一九六八年）」は、保釈なしで一八〇日間、起訴状に記入しないで留置を認めている。そうでなくても起訴されたテロリスト達は、犯罪の性質上、それ以降も保釈を得られないだろう。

グローバルな大量虐殺

二〇〇一年九月十一日のニューヨークの世界貿易センターへの攻撃、九・一一（nine eleven）は、まったく大規模であったために全世界の注目を集めた最初の同時多発テロだった。

攻撃の直後、アルカイダの指導者はカタールの衛星テレビ局アルジャジーラ*を通して映像を送った。アルジャジーラはそれを編集して、多少の映像を選び放映した。不満をいだいたアルカイダはインターネットに自分達で映像をのせる方法に変えた。その時から、これらの組織は自分達の製作所を展開し、プロダクションバリュー**の高い内容を制作、普及させている。

＊訳注　アラビア語のニュース専門放送を行う。一九九六年カタール政府などの出資で設立。本拠地を首都ドーハに置き、世界各地で三〇以上の支局を持つ。二〇〇一年のアメリカ同時多発テロとその後のアフガニスタン攻撃をめぐる報道が契機となって、その名を世界中で知られるようになった。二〇〇四年五月北京についでアジアで二局目となる東京支局を開局した。

＊＊訳注　映画の照明・装飾・音響など映画製作における技術的要素、特に観客に対するアピールを高めるために強化した要素。

国連によると、九・一一によって世界は善と悪に分けられた。この区別は、先を見越していても、テロの温床である中東への介入を生む。

パワーゲームは単なるアルカイダよりはるかに大きい。世界の脅威となっているイスラム国はスンニ派*のイスラム教徒の国をつくろうとしている。多くの他のテロの中で、二〇一五年のパリの自爆テロ、**二〇一五年のシャルリー・エブド襲撃、***最近では二〇一七年五月にイギリスのマンチェスター・アリーナ自爆テロ****を表明し、その過激思想は現在の国家の仕組や境界をひどく脅かしている。

＊訳注　イスラム教の多数派をさし、シーア派と対比して用いられる呼称。

＊＊訳注　十一月十三日のパリ同時多発テロ。パリ市街と郊外の商業施設への銃撃と爆発事件。多数の死者と負傷者が出た。

＊＊＊訳注　一月七日にパリのフランス風刺週刊新聞「シャルリー・エブド」のオフィスが襲撃された。

この事件の公判が二〇二〇年九月二日に始まった。この日「シャルリー・エブド」は本社襲撃事件が起るきっかけとなった預言書ムハンマドの風刺画を一面に掲載した。これ以来、フランスでテロ事件が相次いでいるが、表現の自由に重きを置いた意見が目立つ。マクロン大統領は過激派対策の強化を表明。判決は十一月十日に下される予定である。

****訳注　米歌手アリアナ・グランデのコンサート後、観客がマンチェスター・アリーナを去る時にテロが起った。死者・負傷者の半数以上が子供だった。

インドでも状況はそれほど変わらない。二〇一六年にパサンゴット*空軍基地をジャイス・エ・ムハンマド**が奇襲攻撃したのは、パンジャーブ州の入りやすい国境を利用し、インドとパキスタンの平和に向けての話し合いを妨害、インドの空軍基地を破壊するのが目的だった。インドはこの大規模な攻撃はパキスタン情報部や軍統合情報局***、パキスタン政府が関与しないでは起り得なかったと主張している。

*訳注　インドのパンジャーブ州の都市。パキスタンと国境を接する国境地区。

**訳注　パキスタンの過激派グループ。

***訳注　パキスタンの最高情報機関であり、世界中の国家安全保障情報の収集、処理、分析を行っている。

この状況でありながら、両国の指導者がテロリストの目的を阻止しようと協力するのは励みとなる。ナレンドラ・モディ首相が「今日、インドの発展を知らない人類の敵が、戦略上重要な場所パサンゴットの空軍基地を攻撃した」と慎重にコメントを発表したと報道された。パキスタン政府は前例のない手段での攻撃を非難し、インドとの協力を本気で願っていることを示そうと過激派グループ、ジャイス・エ・ムハンマドの指導者を逮捕した。こうした協力と調和はテロのない世界を築く拠り所になる。

時の経過に伴ってテロが起るのが普通になり、世界的な現象になってきている。社会のすべての階層、貧しい人、金持、教育のある人、ない人が影響を受け、それに参加する人までいる。イスラム国の影響を受けた高学歴の人の数は驚くほど多い。イスラム国の組織的宣伝活動の方法に魅了されて過激な生き方を選ぶ技術者や大学生がいることは、テログループの原理主義者の活動について、人々の認識が変化してきている証拠である。この状況は重大で、すぐに世界で喚起し、協力し合うことが要求される。

国会議事堂に向けられた銃

アフザル・グル事件、すなわち国会議事堂襲撃事件がよい例である。インドの首都は二〇〇一年十二月十三日午後に空前の攻撃の舞台となった。大量の兵器で武装した五人の男がニセの内務省と国会議事堂のアイデンティティーステッカーを使い、爆弾を搭載した車で、開会中の国会議事堂に侵入した。銃撃者達は途中で数多くの惨事を起し、彼らの車が当時の副大統領クリシャン・カントの公用車に衝突し、彼らは車外に出て無差別に撃ち始めた。デリー高等裁判所の記録によれば、「兵器の量は恐ろしいほどだった。大隊と交戦するほどだった。テロリスト達が成功していれば、国会議事堂は内部もろとも建物全部が完全に破壊されていただろう。国家の土台が揺すぶられただろう。その行為は明らかにインド政府に対して戦いを仕掛けたものであった」

インドの警備員達は応酬し、三十分のすさまじい銃撃戦になった。八人の警備員と一人の庭師が犠牲になった。国会議員は全員が無傷で、脱出できた。男達が襲撃に成功していれば、象徴的な国会議事堂は灰となり、多数の命が失われていただろう。*

*訳注　テロリスト五人を含む全部で一四人が死亡した。

事件の二日後、デリー警察の特別班が携帯電話の詳細な通話記録と攻撃で使われた車の登録番号から手がかりを見つけた。それが果物ビジネスのつつましい仲買人、後に製薬会社の地区担当部長になったアフザル・グルの逮捕につながった。他に三人、シャウカト・フセイン・グル（アフザル・グルのいとこ）とその妻アフサン・グル、別名ナブジョット・サンドゥ、そしてデリー大学のアラビア語講師S・A・R・ゲラニも逮捕された。十七日日間、広範囲に捜査を行い、パキスタンで禁止された過激派グループ、ジャイス・エ・ムハンマドのメンバーが関与していたことが立証された。

この事件も裁判へのマスコミの干渉があったとされる。アフザルはマスコミが民衆の騒動をつくりだし、裁判の前から犯罪者扱いをされ、公正な裁きが受けられないと懸念していたが、彼の訴えは意に介されなかった。「マスコミ機関による裁判」だと申し立てていた最中に、S・N・ディングラ裁判官が裁判長を務める特別法廷は非常に速いスピードで裁判を終えた。六カ月という短期間に三〇〇以上の文書、起訴のために八十人以上の証人、被疑者S・A・R・ゲラニのために十人の証人が調べられ、判決が申し渡された。二〇〇二年十二月十八日にアフザル・グル、S・A・R・ゲラニ、シャウカト・フセインは死刑の判決を宣告された*。裁判は証拠改ざんの報道で妨害された。アフザル・グルに対する二つの最も重要な証拠—逮捕の時に押収された携帯電話とノート型パソコンを封印していなかったのである。手に入れた証拠はその現場で封印して、分析のために送り、その後保管しておかなければならない。この事件ではノート型パソコンが逮捕後にアクセスされた。しかし、後に、独立した諜報部によるもので、証拠に手を加え改ざんしたと示すものは何もないことが明らかになった。

*訳注　アフザル・グルは二〇一三年二月九日に絞首刑が執行された。ゲラニは二〇〇三年十月二十九日に証拠不十分で無罪に、シャウカト・フセインは二〇一〇年十二月三十日に釈放された。

そのパソコンには内務省のニセの通行許可証の作成のような有罪を示す証拠があった。最高裁判所はこの証拠を信頼した。「上述のパソコンがアイカードの準備に使われ、遺体の場所で見つかったアイカードと車で見つかった内務省のステッカーも同じパソコンで作成されたと証拠から証明された。死亡したテロリストのムハンマドとその他の元にあったに違いないパソコンが十二月十三日の事件後すぐにアフザル（とシャウカト）に保管されたことに何の疑いもない、そうした所有の釈明もされていない」

アフザルの警察に対する自白にも異議が唱えられた。警察がアフザルに手錠をかけ、彼の「自白」を一般の人々に報道するためにマスコミを呼んだ。そうした自白は、裁判所では証拠能力がない。この事件の警視監ラジビル・シンは証言した。「私の上司、警視副総監の許可を得て、私の事務所で被告人アフザルにインタビューをすることをマスコミに許した」

情報を得る権利は健全な民主主義ではきわめて重要であるが、こうした手段が裁判の進展を侵害するなら、それは民主主義の核心をそこなう。第四階級*の殺到は司法組織の機能を妨害するかもしれない。しかし、高等裁判所は、自白の報道が裁判官や一般の人々に偏見を持たせるという主張を、そうした記録は皆無である」と退けた。R・バラクリシュナ・ピライ対ケーララ州の裁判で、裁判官は偏った情報やネガティヴな報道の影響を受けないと考えるという最高裁判所の判決を信頼し、高等裁判所は、裁判官が伝聞やマスコミの報告の影響を受けないよう鍛えられ、仕事をたたき込まれ、十分経験を積んでいる、と見解を述べた。

＊訳注　新聞界、ジャーナリズム、言論界。

事実審裁判所が供述書を認めたことは興味深い。けれども、高等裁判所は、手続き上の保護手段が満たされていないし、他の証拠に基づいて訴訟が起されていないので、同じ価値は置いていない。二〇〇一年十二月十三日にインド国会議事堂襲撃があった後、政府は、同年十二月十九日にテロ防止条例を制定した（後のインド議会でテロ防止法として可決された）。それはさかのぼっての根拠でこの事件に適用された。テロ防止条例／テロ防止法は警察官の前で行われた自白を認めるが、ある予防手段が取られてである。アフザルには認められなかったが、その一つは、弁護士を呼ぶ権利である。第二は供述に署名する前によく考える十分な時間を持つ権利である。これも最高裁判所の意見にはなかった。アフザルは供述の誤りを明らかにするのに七カ月かかり、それを撤回した。だが、最高裁判所は、自白が自分のものでないと認めるのに異常なほど遅れ、信頼できるものではない、と述べた。

テロビジネスの経営　作戦と財源

今日、テロリズムの目的は恐怖を浸透させ、国際的な秩序を脅かす心理的手段を使いながら、世界の注目を引き、引きつけておくことにある。私達は心配と恐怖から心理的に彼らの力と強さを拡大し、テロに貢献する結果になっている。テロリスト達の行為は新聞、テレビ、ソーシャルメディア*などメディアが事件を発表・報道するように意識的に周到に準備される。

＊訳注　オンライン上で利用者同士が情報を発信・共有することで成り立つ媒体。電子掲示板・ブログ・動画配信サービス・ＳＮＳ他。

テロリストの組織は支持者がいなければならない。動機となるイデオロギーが必要である。組織自体を維持し、新兵を募集する人達も食べさせもしなければならない。十分な資金があれば、募集する人達とその家族の世話ができる。自分達の大義名分を促進するための装備、武器、弾薬を十分に持てる。テロリスト組織は彼らの影響力を維持し、軍隊を統治するために相当な金額を費やす。アジア開発銀行*の報告によると、アルカイダの全収入の約九〇％が生活費と運営費であり、作戦目的には一〇％しか使われていない。

＊訳注　アジア・太平洋における経済成長を助け、経済協力を助長し、開発途上加盟国の経済発展に貢

献することを目的に一九六六年に設立された国際開発金融機関。

実際の現金を動かすことはテロ組織には輸送面で対処しがたいことである。百ドル紙幣で百万ドル（約七千万ルピー）は、約十キロの重さである。この問題を克服するために、しばしば巧妙な輸送方法が採用される。アメリカ同時多発テロの後、アメリカ連邦機関は、イエメン人のシャイフ*がアルカイダのためにニューヨーク市のブルックリンで資金を調達しているという情報を受けた。彼はウサマ・ビン・ラディンのために二千万ドル集めたと録音されたおしゃべりで自慢していたのだろう。この資金の一部は現金の寄付で集められたと伝えられる。シャイフは貨物船で大量の現金を運んだ。アメリカ連邦機関は後に、二〇〇一年十月にニューヨーク市のジョン・F・ケネディー空港で二人の男を逮捕して、段ボールの中にハチミツのびんと並べて十四万ドルが隠されているのを発見した。

＊訳注　イスラム教の指導的学者。

二〇〇八年のムンバイ同時多発テロで、パキスタンを拠点とするイスラム過激グループであるラシュカル・エ・タイバ（LeT）は攻撃に一千百七十三万七千八百二十（11,737,820）ルピー使ったとインド情報局は結論を下した。そのような巨額の金はマネーロンダリング*、武器拡散、麻薬の密輸、その他から得ている。誘拐、身代金、略奪、恐喝による財物取得は、イスラム国が油井《ゆせい》から収入を補うために実行している手段である。彼らは金のために人々に税金を課し始めてさえいるという。多くの家族は金のために子供を売買することまでしている。アジマル・カサブ**は手押し車でスナックを売る父親と肉体労働者の兄のいるパキスタンのつつましい家庭に生れ、教育を十分に受けられず、小学校四年生でドロップアウトした。生かじりで間に合わせのヒンディー語を話したが、英語はできなかった。彼の父親は否定しているが、家族を養うためにカサブをＬｅＴに売ったと言われている。さまざまな情報源によると、同時多発テロに彼が参加するために過激派グループが支払った額は十万〜二十五万ルピー***の間だった。彼はテロの六カ月前にはパキスタンのパンジャーブ州のオカラ村で暮らしていたという報告もある。村人達によれば、彼がインドへの任務で村を去る前、母親から祝福を受けた。

*訳注　資金洗浄・主に麻薬取引など犯罪に関係して不正に取得された資金を、合法的に見せるために外国銀行など転々と移動させて出所隠しをすること。

**訳注　イスラム過激派グループ、ラシュカレ・トイバ（ラシュカル・エ・タイバ〔ＬｅＴ〕）のメンバー。ムンバイ同時多発テロに参加。唯一生きた逮捕者。二〇一二年十一月二十一日に絞首刑が執行された。

***二〇一九年十二月ではインドの一ルピーが約二円（一・六円）である。

精神的、肉体的な訓練もテロリストの任務を果たすのに重要な役割を演じる。二〇〇八年十一月二十六日のムンバイ同時多発テロ前にカサブや彼のグループの他のメンバーは、パキスタン北東部の都市ムザファラバードでＬｅＴから武器や弾薬の使い方や航行、水陸両面の奇襲作戦の訓練を受けた。

若い新兵達は彼らの精神を強くし、過激なイデオロギーを受け入れるように精神的に訓練され、体を強くするために肉体的な闘争訓練が行われた。二十四人のこのグループから、十人がムンバイの任務のために選ばれた。彼らの心的訓練の程度は、こうしたテロリストが彼らの行為に心を動かされない事実からもわかる。最高裁判所の裁判官もカサブのまったく悔いる心がないことに懸念を表明した。事件に対する法廷助言者である年長の弁護士ラジュ・ラマチャンドランが強調したカサブの年齢の若さは、犯罪の性質上から裁判官の判決に影響を及ぼさなかった。この点で裁判官は「ただ一つの情状酌量の余地がある要素は上訴人の年齢の若さだが、それは、彼に自責の念がなく、改心や更生の可能性がないことで完全に相殺される」と述べた。

多発テロに憤慨して、多くの弁護士が初めはカサブの代弁をするのを拒んだ。

ボンベイ弁護士会はメンバーの誰も彼を弁護しないという決議を通過させた。カサブには犯罪の明白な証拠があったが、民主主義国の私達がとても大切にしている公正と正義の価値を支持し、カサブを適切で公平な裁判にかけた。

彼はムンバイ警察が提出した一万一〇〇〇ページの起訴状で、殺人、インドに対する戦いの遂行、その他付随する罪で告発された。彼の裁判は二〇〇九年五月に始まった。当局を混乱させようとカサブは裁判の初日にまだ十七歳だと主張し、少年裁判所*で審理されることを要求した。もしこの要求が受け入れられていれば、カサブはもっとはるかに寛大な刑罰を受けることに成功していただろう。彼は事実審裁判所で最初は罪を認めなかったが、二〇〇九年七月に予想外の変化で、犯罪を認めた。「このことで絞首刑にされてもかまわない。裁判所からの慈悲を望まない」、と強く言った。裁判官は彼を公平な裁判にかけ、罪を認めていても、裁判を続けるべきだと考えた。カサブは後になって、ムンバイ警察が拷問にかけて引き出したと、自白供述を撤回した。不当に逮捕されてムンバイ警察にでっちあげられ、海岸から車に乗せられた、勉強を続けるためにムンバイに来ていて、ＡＫ―４７アサルトライフル**など見たこともないと主張した。

＊訳注　通例十八歳未満の少年少女を扱う。
＊＊訳注　自動または半自動の軍用ライフル銃。装弾数が多く普通は三〇発。

事実審裁判所は二〇一〇年三月に判決を下した。カサブは八十六すべての罪で有罪であり、死刑が宣告された。その判決はムンバイ高等裁判所で確認された。

「自白供述によるとこれらのテロリスト達は、最終攻撃目標であるマラバル・ヒル*に向って、チョウパーティー海岸を進んでいた……カサブはパキスタンでもくろまれた陰謀に従って、インド政府に対する戦いを行った……カサブのような人間には更生、改心する余地がほとんどない」と高等裁判所は記録した。

＊訳注　高級住宅街。十八世紀に丘の傾斜に広がっていた植民地時代のバンガロー（軒が深く正面にベランダがある建築様式）は、現在はムンバイの新興富裕層のアパート集合住宅となっている。

上訴で、最高裁判所は次のように判決を下した。

端的に言えば、これは国境の向こう側からのテロリストの襲撃事件である。先例がない規模の大きい犯罪行為である。襲撃の背後の陰謀は冷酷であり、深く、大きなものだった。実行は冷酷であり、そのための準備と訓練は綿密だった……この事件は他に類がない共謀の要素を含んでいる。上訴人はインド政府に対する戦いを遂行するために、国境の向こう側でもくろまれた陰謀の一部である。そして死を招く武器や爆発物は、インド政府に対する戦いの意図で集められた。

最高裁判所は、死刑の判決を支持し、記録を残した

生命や資産の損失の点から、そしてもっと重要なことに、精神的衝撃を与えたことでもスケールの大きいこの犯罪は、比較するものがない。あるいは、インドが共和国として誕生してからこの法廷で審理される、まれな中でも最もまれな事件である。そのために、まれな中でも最もまれな刑罰となる……戦いや計画的犯意をもって行われた殺人を含む罪に対する罰として、死刑が法律として制定されている限り、いかにまれであっても、百万に一つでも、その刑罰を課することを必要とする事件が必然的にあると理解する……この状況で、もし上訴人の事件でなければ、他のどの事件が死刑になるだろうか。この事件で死刑をためらうことは、死刑が法律として制定されていても、この裁判所の憲法に忠実な裁判官達が妥当だと考えても、この裁判所が死刑を法律の認める刑罰として頑固に認めないと宣言するのに等しい。

死刑を下されたすべての被告人がするように、カサブも自分にできる法的救済をすべて試そうとして、慈悲の嘆願書を提出した。インド大統領は嘆願書を退け、カサブの最後の運命を変更不可能にした。裁判は四年間かかり、インド政府に約六十クロールルピー*かかった。この裁判に関係する莫大な経済的・心理的な代価にもかかわらず、テロリストは保護とインドで一般的な民主主義の長所と法の原則を維持する法廷で自分の身を守る公平な機会を与えられた。

*訳注　一クロールが一〇〇〇万ルピー。

カサブはプネー*（プーナ）のエルワダ中央刑務所の構内で密かに絞首刑に処せられ、遺体は人目につかない場所に埋葬された。死刑執行についてはマスコミにも知らされず、彼が埋葬されてから一時間くらいたって通知された。刑の執行前夜、ほとんど眠らず、ずっと歌を歌っていたと言われている。死刑執行のために連れて行かれる時、見たところでは驚くほど穏やかで、神経の高ぶりの様子はなかった。刑務所の服を着て、絞首刑の直前に、おそらく神のみが許すことができる彼の行為に対して、神からの許しを求めた。**

*訳注　マハーラーシュトラ州のムンバイ〔ボンベイ〕の南東一二〇キロにある都市。
**訳注　ムンバイ同時多発テロ事件でカサブ達を導いた首謀者は今でもつかまっていない。

世界はテロをなくす方向に向かって努力しているが、さまざまな理由のために、根本からなくしてしまうことは不可能になっている。イデオロギーは、深く根をおろし、悪の道に誘い込まれる人達、現在の政府や官僚的形式主義の制度に信頼をなくした人々、それらに期待を裏切られた人々、あるいは、ある政府の政策によって仕事や家族、思想を失うというような不幸に苦しむ人々の間で人気を得ている。こうした要素が、テロを永続的で、取り組むのが難しい複雑な問題にしている。

テロについての考えは二要素あるかもしれない。それはそうした行為を実行する人々の目的、動機、意図から決定される革命的、あるいは、本質的に破壊的で利己的なものかもしれない。目的は自民族中心主義から分離主義や、国家主義から革命的なものの範囲で達成が求められた。こうしたテロリストを、不利な状況をものともせず、人々に一条の光をもたらす救世主と考える人もいる。これは彼らの変化する役割や人の目に見える見方を表している。テロリストの心理は不合理なものではない。動機は、宗教的・政治的・社会的、又は経済的、あるいはイデオロギー問題の名において、他のテロリスト達と団結を示すためでもあり得る。それは国境を越えたテロリスト組織の目標であるかもしれない。だが、南アジア諸国でほとんどの人々はテロを政治的動機などほとんどない、あるいは、まったくないテロリスト達が金を稼ぐためにする必要がある仕事でしかないとして扱う。

どうあろうとテロは文明化した社会の基盤を脅かす威嚇である。テロは人道主義の道義に反している。テロに結果として民間人の死傷者が出ることを正当と認め、避けられないと考えるのは、罪のない人々の命を犠牲にしてよいということである。文明が繁栄していくためにも、世界からテロをなくすことが不可欠だ。

第3章　殺人を犯す女達

レヌカ・シンデとシーマ・ガヴィット　幼児殺害／ニーラジ・グローバー殺人／プーラン・デヴィ／青酸カリ・マリカ

まえがき

インド社会でいつもは世話をする人とか養育する人とだけ考えられる女性が冷血に人を殺せるという考えを受け入れるのは難しい。殺人はたいてい男性が行うものという考えがあるにもかかわらず、しばしば女性も犯罪者になり、男性と同じく冷酷に人を殺す。他の生活面のように、多くの場合、女性殺人者の動機は男性と異なっているようだ。大多数の男性犯罪者が加虐性愛、セックス、暴力、強い欲望で殺人に駆り立てられるが、女性の動機は、主に経済的理由である。男女に共通の動機は、強欲と精神的不安定である。

私達はあまりにも凶悪で、ただ母親、姉妹、妻として、言い換えれば、思いやりある擁護者の役割として私達が間違って表す女性が起したとは信じがたい犯罪に何度も出合う。もちろん、性別は罪を犯す事とは実は何の関係もない。

起訴した事件によれば、女性はたいてい知っている人や、主な面倒を見る人を攻撃目標にする。世界の統計では女性がほとんど、親しい人を殺す、あるいは人と親しくなり、それから殺すことを示している。女性の犯罪は、注意深く考え抜き、細部に気を配って計画を立てているため、司法による軽い刑罰で逃げることができる。

レヌカ・シンデとシーマ・ガヴィト　幼児殺害

文明化した社会に暮らしているため、母親、つまり子供の最初の教育者が身の毛もよだつような殺害方法を自分の子供に教えるという考えを理解するのは難しい。マハーラーシュトラ州で家族の女家長であるアンジャナバイという女性は、金のために幼い子供の殺害や虐待を家族に教えた。二十九歳のレヌカ・キラン・シンデと二十五歳のシーマ・モーハン・ガヴィトがレヌカの夫キラン・シンデと共に一九九六年に逮捕された時、全部の出来事が明るみになった。三人は家族の女家長アンジャナバイと共に子供、特に五歳以下の子供達の誘拐・殺人の罪で起訴された。一九九〇―九六年の間に十三人もの子供を誘拐し、そのうち九人を殺害したと告発されたが、結局、五件だけの殺人罪に問われた。

被告人は生涯の大半を小さい窃盗にかかわってきていた。しかし、子供を誘拐しようと思いついたのは、ある日、レヌカが寺院にいて、何かを盗もうとした時のことだった。彼女は、つかまるとすぐに連れていた幼い息子を急にひっつかんで、子供と一緒の女がどうして盗みなどできようかと集まった人々に訴えた。すると彼女の疑いは消え、みんなが放してくれた。レヌカは罪を犯す時、子供を連れていれば、つかまる可能性がかなり減るのを知った。レヌカは家族にもその知識を伝え、身の毛もよだつ犯罪を始めた。

家族の女家長であるアンジャナバイは身代金目的で誘拐する技に熟達し、娘達に、行方不明になった子供を探し出すのが難しい混雑した場所から誘拐してくるように教えた。娘達は祭りを祝っている場所や、子供が迷子になりやすく、誘拐が簡単な市場を探した。こうして、マハーラーシュトラ州の多くの主要都市から子供をうまく誘拐して、プネーにある自分達の家に子供を住まわせた。

姉妹の手口は簡単だった。財布のひったくりや、小さな盗みをする時に子供を連れていて、抱いていることも多かった。子供達は、人目を引くことをしたり、泣いたり、大きくなりすぎて抱けなくなるとすぐに殺された。

信じられない方法で殺害された。インターネットの報道（二〇一七年四月二十二日付）で詳しく述べられているが、多くの場合、姉妹が力を込めて地面に子供を投げつけて重傷を負わせ、その後、母親アンジャナバイがさらに傷つけて殺害した。

誘拐された幼児の一人、サントシュの殺害は、彼が泣き始めたときに実行された。二人の姉妹が子供の頭を床にたたきつけ、それから母親のアンジャナバイが重傷を負った幼児を死ぬまで鉄柱にたたきつけた。さらにその遺体をオート・リクシャーの下に投げ込んだ。男の子はまだ生後十八カ月だった。

もう一人の生後十八カ月の女児は口に物を詰込まれ、ハンドバッグに入れられて、女子トイレに投げ込まれた。さらにもう一人の男児は、通りがかりの人に本当の両親について話したため、罰に天井から逆さに吊るされ、頭を壁に何度も打ち付けられ殺害された。よく泣いて実の母親を恋しがる二歳の男児は食べ物を与えられず飢えさせられ、たたかれて殺された。このように極端に走るこうした女性の残酷さと欲深さを想像するのは難しい。しかし、これはどの裁判所でも加害者に最も厳しい刑罰を不動のものにした。

証拠と起訴者側の証言を検討し、最高裁判所は死刑を正式に承認し、次のように述べた。

これらの殺人を犯したために上訴人達に死刑の判決を認める。そして、彼らの判決は高等裁判所で確認された。事件の詳細を判断し、上訴人（達）が女性であるという事実だけで、彼女達のために酌量すべき情状は何一つ見いだせない。犯罪の性質と幼児が誘拐され、殺害される計画的なやり方は、上告人の精神的堕落を十分明らかにしている。これらの上告人は大変に長い期間、犯罪行為にたずさわり、警察に逮捕されるまでそれを継続した。子供を誘拐する計画を非常に巧妙に実行し、もはや役立たないと考えるとすぐに殺害し、人通りのない場所に遺体を遺棄した。上訴人達は社会にとって脅威であり、地元の住民は非常に恐怖を抱き、自分の子供を学校に行かせることさえできなかった。上訴人はこうした罪を強要されたのでなく、非常に行き当たりばったりで、こうした子供達の人生や、子供達の両親の苦しみを苦にすることもまったくなく、子供達全員を殺害した。

我々は事件のあらゆる面を慎重に考慮した。又、犯罪学での判決制度の新しい傾向も十分に承知している。私達はこれらの上訴者が改心するとは到底思えない。彼女達の有罪決定と死刑を承認する。これらの上訴人に対する死刑執行の中止は無効である。当局にこれらの上訴人達に下された死刑執行を実行する上で必要な処置を取るよう命じる。

事件は人間の悪行の程度、男も女も欲に駆られると、いかに恐ろしい罪を犯せるかを明らかにしている。私達が最も衝撃を受けたのは、こうした背筋が寒くなる筋書が、まったく普通の仮面をかぶって実行されたのを知った事だ。最悪の残酷な行為は度を超えていた。私達はそれに心底、恐怖を感じる。こうした女性達は私達の周りにいたかもしれない。おそらく私達は会っても気がつかなかったかもしれない。だが、彼女達の犯罪は非常に私達を驚かせた。独立後*初めて女性達に死刑判決が下された。

*訳注　インドは長い独立運動の後、一九四七年八月十五日、イギリスから独立。

二人の姉妹は、今、絞首刑が執行される初めての女性となる。現在、プネーのエルワダ中央刑務所で死刑執行を待っている。彼女たちの母親、家族の女家長アンジャナバイは裁判を待って拘留中の一九九七年に亡くなった。レヌカ・シンデの夫キラン・シンデは彼の証言と引き換えに不起訴決定を受けた。姉妹の減刑嘆願は、二〇一四年七月三十一日に大統領*に拒否された。

*訳注　当時のプラナブ・ムカルジー第十三代インド大統領のこと。二〇二〇年八月三十一日にコロナ感染で死去。現在のラーム・ナート・コヴィンド第十四代大統領は二〇一七年七月に就任。

ニーラジ・グローバー殺人　陰惨な殺人事件

マスコミの幹部が切り刻まれ殺害された事件は、二〇〇八年に異常に人々の関心を引く問題になった。若い一組の男女が性行為の現場をその女性の婚約者に目撃された。そして、それが犯罪の動機になった。インドの人達は事件全体に大変に興味を持ち、長編特作映画まで制作した。全部の出来事には次の当然の疑問が生まれる。そのような恐ろしく、無慈悲で自責の念のないやり方で他の人の殺害を許し、黙認する人間の心理とはどのようなものだろうか。私達は社会として同世代の人々に思いやりを浸透させることができなかったのか。

より小さい閉ざされた社会とはいえ、また別の疑問もある。マスコミは法のプロセスを注意深く調べないで、被疑者をいい具合に悪者扱いする権利があったのだろうか。

私達は犯罪が人々の興味を引き起すのをしばしば見てきた。ぞっとするような、想像もできない犯罪であればなおさらであるが、マスコミに未決の事件で、被疑者を有罪だと断言するいかなる権利があるのだろうか。それは裁判の過程や社会の一部である裁判官の心境に影響を及ぼすことはないのだろうか。

ニーラジ・グローバーはテレビ会社の重役だった。マリア・モニカ・スサイラジは、カンナダ語*の女優で、テレビで働くことを望んでいた。マリアはムンバイに引っ越して来て、グローバーと友達になり、すぐに親密な関係になった。しかし、マリアはグローバーが自分の女優としてのキャリアを本気で助けようとしているのか疑いを持ち始めた。起訴者側は、マリアが婚約者エミール・ジェローム・ジョセフに連絡をとった二〇〇八年五月六日に、グローバー殺害計画を企んだと主張した。

＊訳注　インド南部カルナータカ州とそれに隣接する南部地方のドラヴィダ語派の一言語。同州の公用語。

二〇〇八年五月七日午前七時半頃にジョセフはマリアのアパートに行った。被告人二人がグローバーを殺害し、その後、マリアは遺体を切り刻み、血痕のついた衣服やマットレスと一緒にプラスチックの袋に詰め込み、証拠を破棄した。彼女はムンバイの郊外、マノールという場所まで車で行き、ガソリンを買って、袋や証拠を焼却した。アパートの壁を塗装して血痕を隠そうともした。

犠牲者であるニーラジ・グローバーの母親は息子から電話がなかったので、ニーラジのいとこに連絡し、そのいとこがマリアとニーラジの友達に連絡した。その後、マラッド警察署に行き、行方不明者報告書に記載した。犠牲者の父親は誘拐の手続きもしようと警視総監に申し入れをし、それは二〇〇八年五月二十日に記録された。

警察は五月二十一日にマリアを尋問した。その場で彼女は婚約者と二人で犠牲者の殺害に関与したと自白した。しかし、後でその自白を撤回した。彼女は自分が証拠を燃やした現場にも警察官を連れて行った。警察はビーズのネックレス、一部焦げた消臭剤の瓶、ブリキ缶のようなものと焼けた骨を発見した。マリアの家で血痕も発見された。ジョセフも遺体を切り刻んだ器具の場所と運搬に使った車の場所を警察に案内するのに同意した。

裁判所はマリアがすぐに取り消した自白を考慮できるかどうか詳しく調べ、次のように述べた。

枢密院が定め、アペックス裁判所*がそれに従う割合を考慮に入れると、自白の助けがこの事件で、被告人の有罪を証明し、確信を与えるものと受け取れる。被告人No.Iの自白を注意深く調べた。自白は被告人No.Iとニーラジ・グローバーの殺害をつなぐ状況の確証になる。

有罪を立証する事実と状況があまりにもそろい、つながっているため、あらゆる人間のありそうな事柄の中で、被告人No.2がニーラジ・グローバーを殺害したという結論は避けられない。有罪を立証する状況は、被告人No.2が罪を犯したということを除いてどのような説明もできない。さらに自白の一部は、ニーラジ・グローバー殺害の証拠破壊についてである。サティシュ・シン、ヴィノッド・ミシュラ、ディラジ・シュクラ、ヴィヴェク・ティワリ、ヴァイシャリ・モア、アマルバハデゥール・ヤダブによって記録された状況も、被告人No.Iの自白で確認されているが、自分達の罪を逃れるためにニーラジ・グローバー殺害の証拠を破壊したことでNo.IとNo.2は結びつく。そのため、被告人No.IとNo.2がニーラジ・グローバーの殺害の証拠を消そうとしたと判断するのにためらいはまったくない。

＊訳注　頂点裁判所。最後の手段の裁判所。

このようにしてマリアの自白を裁判所が分析し、ジョセフだけが犠牲者の殺害に責任があったという結論に至った。マリアはジョセフがニーラジを殺害し、レイプされ、彼女も殺すと脅されたと供述した。裁判所は彼女の供述を調査し、彼女が手に負っていた傷から、二人の男が始めた喧嘩をやめさせようとしたと結論を下した。裁判所は、殺人が前もって計画されたかどうかも調べ、彼の婚約者が他の男と朝の早い時間にいるのを見た若い男のとっさの行動だったとした。事前に計画したのであれば、非常に注意深く計画を立て、殺害後に買った付属物は、前もって買って準備していただろう。しかも、死者を殺害する事前の動機がなかった。裁判所はマリアの当初の自白を信じ、彼女が犯罪の共犯者であり、起ったことを止めようとしたのだと判断した。

裁判所は証拠の消失と破棄で被告人二人を有罪にした。検察当局はジョセフが犠牲者を殺害したと立証したが、被告側は殺害に対する最初の異議申し立て、すなわち、ゆゆしい突然の挑発による意図的でない殺人、を申し立てた。裁判所はジョセフ側の故意はありえないとして、彼が挑発されたというのを擁護した。被告人二人は証拠を破棄したことで、インド刑法第二〇一条の下、最大の三年の刑を課された。ジョセフは、故意でない殺人で、インド刑法の第三〇四（一）条で告発され、五万ルピーの罰金と、十年の禁固刑が命じられた。マリアも証拠の破棄のためにインド刑法第二〇一条で有罪の判決を受け、三年の禁固刑と、同じく五万ルピーを命じられた。

インドではマスコミによる裁判のやり方が大変にはやっている。最初の少しの情報からマスコミは一連の出来事を創り出そうと、センセーショナルに作り替えることが多い。人民裁判としてのマスコミ版は、司法の進行の本質と、司法が表す公明正大で偏らない規範に悪影響を及ぼしてきた。マスコミによる人狩りは、司法制度の精神に影響を及ぼすだけでなく、無益な扇情主義と不完全な事実で、人々の理解を損なう。これは社会によって被告人が不当な虐待を受けるだけでなく、彼らの家族や友人も嫌がらせを受ける。

この事件で、マスコミはしっかりと事実を調べないで被疑者を悪者扱いした。そして、マリア・スサイラジが裁判で事実に基づいて裁かれ、釈放されてからもマスコミは迫害をやめなかった。いくつかの報道では彼女は「無性格」とみなされ、「女じゃない」と汚名を着せられた。実際の一連の出来事は、犯罪の最中に板ばさみになり、犯行をとめようとしたが、レイプされた上に強制的に証拠を破棄させられ、そのため有罪宣告を受けた一人の女性の話である。

被疑者と有罪の判決を受けた者との違いが素人には理解されない。マスコミは被疑者が有罪判決の前でも有罪の判決を受けた者になる状況をつくり出す。犯罪に巻き込まれた女性がいたという事が、男性であるよりおそらくもっと悪い大きな騒動を引き起したのだった。遺体を切り刻んで起訴された女性は私達の精神構造を熱狂的なほどあおり、マスコミがそれにおおいかぶさった。よくあるマスコミの魔女狩りである。私達は文明の発達した、教育を受けた者の社会として、これを避けなければならない。

プーラン・デヴィ　反逆者の形成

私はこうなるつもりはなかった……ただとても怒っていただけだった。金持の男達は私が生意気にも目を上げていると私をさんざん殴りつけた……私の父は不正に泣いたが、無力だった……私は自分を犯罪者だとは思わない。

――プーラン・デヴィ*

「バンディット・クイーン・オブ・インディア」** プーラン・デヴィの人生は、今では民間伝承になっている。彼女はしばしば殺し屋、殺人者だと大げさに宣伝される。インドで最もよく知られた無法者の一人として記憶され、ダコイト***として強奪から殺人に及ぶ犯罪で起訴された。しかし、プーランは自分に罪がなく、彼女が犯したすべての犯罪が正当化されると信じていた。そうなると、傍観者には疑問が生まれる。すなわち、貧しい困難な生活、階級差、服従が女性に大量殺人を犯す権利を与えるのだろうか。彼女には社会、あるいは法の支配が大変に重要だったので、自ら行動を起こし、若い時に受けた非道に対する復讐で、人を殺し、略奪をしなければならなかったのか。

*訳注　一九六三―二〇〇一年。
**訳注　インドの盗賊の女王。
***訳注　武装盗賊。

これには正しい答えはないが、名が知られるようになり、都市の伝説的人物になったこの普通の女性の人生を考察してみると、おそらくもっとよく理解できるかもしれない。子供時代と十代の時に彼女が経験した拒絶、非難された人生は、今日でも記憶される「盗賊の女王」になった理由の説明になる。

プーランは幼い少女の時から、後でよく知られるようになるが、反抗的で、根性があった。プーランは貧しい漁民*の家に生れ、十一歳で結婚させられた。子供の花嫁であったことと、夫が情け容赦なく暴力をふるったので、結婚は地獄だった。こうした苦痛から逃げるため家出をした。しかし、インドの山奥の田舎ですぐに土地争いという面倒なことに巻き込まれた。**この争いでプーランは短い期間であったが、刑務所に入れられた。釈放されてウッタル・プラデーシュ州にあるビーマイ村に行った。この村で上位カースト***の男達の一団に容赦なく集団レイプされた。残念ながら、下位のマッラー・カーストの女性****にはそうした扱いは珍しくなかった。多くの犠牲者がこうした出来事の苦痛を味わったが、声を上げなかった。しかし、プーランは、激怒し、自分への非道を黙って受け入れるのを拒んだ。盗賊団に加わり、彼らのリーダーにまでなった。

＊訳注　マッラー。

＊＊訳注　読み書きできないプーランの父親デヴィディンは実兄ビハリラルに登記簿を偽造され、土地を騙し取られた。

＊＊＊訳注　インドの宗教別人口で約八十・五％を占めるヒンドゥー教徒には代々受け継がれる「カースト」と呼ばれる身分制度があった。この言葉はポルトガル語で「家柄」「血統」「種族」を意味する「カスタ」からきている。十五世紀以降インドで活躍を始めたポルトガル人はインドが共通の職業を単位とする多くの内婚集団から成り立っていることを知った。インドではこの集団を、「生まれを同じくする者の集団」の意味の「ジャーティ」と呼んでいたが、ポルトガル人はこれを「カスタ」と呼んだ。後にインドにやってきたフランス人やイギリス人にも「カスタ」が用いられ、やがて「カースト」と言われるようになった。カースト〔ジャーティ〕は職業によって細かく分けられる。日本では一般にカースト制度と言えば、四つの身分制度〔四姓〕を指すものととらえられている。バラモン〔ブラーフマン〕〔司祭〕、クシャトリヤ〔王族・戦士〕、ヴァイシャ〔商人〕、シュードラ〔農民・労働者〕である。この四姓をインドでは「色」を意味する「ヴァルナ」という語で表してきた。最も地位の高いバラモンは「白」、次のクシャトリヤは「赤」、三番目のヴァイシャは「黄」、一番下のシュードラは「黒」であった。四つのヴァルナの下に、その枠組みにも入らないカースト外〔アウト・カースト〕の不可触民〔アンタッチャブル〕と呼ばれ人達がいた。今日では公式には「指定カースト」と呼ばれ、彼ら自身は自

分達を「ダリット」（抑圧された人達）と呼んでいる。

グワーリヤル中央刑務所でのプーラン（『インド盗賊の女王　プーラン・デヴィの真実』の原著者マラ・セン提供）

＊＊＊＊訳注　カースト制度で下層のシュードラの身分の中でも底辺に近い漁民カースト。

まもなくこの若い娘は自分が集団レイプされた村に仲間と行った。二十二人の加害者を全員一列に並べ、白昼、撃ち殺した。プーラン・デヴィがどうやってこうした罪を犯す事ができたか不思議に思う。いわゆる低カースト、しかも女性が自分を虐待した男達を殺すのは普通でなかったし、事件がカーストや階級で非常に分断されたウッタル・プラデーシュ州の中心で起ったからである。しかし、それでも疑問が残る。殺人は社会がどう彼女を扱ったかの解決、解答だったのか。

大虐殺は人々の先例のない怒りを引き起した。カースト優位の反体制的な考えが、特に、一人の女性によって脅かされたからだった。プーランはウッタル・プラデーシュ州とマディヤ・プラデーシュ州の間の境界線の深い森林地帯に潜伏した。

二年後、プーランは当局と特赦の取引をして、自首した。裁判なしで十一年間、グワーリヤル＊中央刑務所ですごし、ようやく一九九四年に仮釈放された。その後、多くの人が驚いたのであるが、ウッタル・プラデーシュ州のサマージワーディ党＊＊政権は、プーランに対する告訴を取り下げた。彼女は当時、現代のロビンフッド＊＊＊、厳格なカースト制度に対して反抗した救世主、抑圧された一般大衆の指導者と思われた。第十一回ローク・サバー＊＊＊＊でサマージワーディ党の後援の下で下院議員になった。しかし、ビーマイ村大虐殺のプーランの一味のうち四人に対する訴訟は事件後、三十年以上もたっているが、まだ係争中である。

＊訳注　インド中部のマディヤ・プラデーシュ州北部の都市。

国会議員になったプーランと訳者（ニューデリーのプーランの自宅で。訳者提供）

＊＊訳注　インドの政党の一つ。社会主義者党。本部所在地はウッタル・プラデーシュ州で党首ムラーヤム・ヤダブが一九九二年に結成。カーストの中位農民、下位カーストの人々やイスラム教徒が主な支持基盤。
＊＊＊訳注　十二、十三世紀のイギリスにいたとされる伝説上の義賊。緑色の服を着ていた。
＊＊＊＊訳注　一九九六年の四～五月の総選挙で選出された議員から成る下院。

悲しい終わり方であるが、プーランは二〇〇一年に三人組の男に住居のすぐ外で暗殺された。プーラン・デヴィは黙って不正に苦しむのを拒んだため法の支配の反対側に自分がいるのに気づいたカースト差別社会に生きる普通のインド女性であった。彼女がしたことは間違っている、あるいは非合法的だと見られるが、それは彼女の生活環境からくる反抗の行動だった。女性は一般的に極度に限定的な見方で、共同体の世話人、子供の世話をし、共同体の男達をまとめる愛に満ちた母親のような存在と見られる。独立した女性を手に負えないと考えることが多いインドのような家父長社会では特にそうである。そうした状況で、プーラン・デヴィの話は、ステレオタイプのインドの女性はこういうものだと考えられている姿と正反対である。しかし、彼女の人気のある反抗的行為の背後には、境遇のために暴力的行為に駆り立てられた女性がいた。

インドの片田舎で貧しい生活をしていたので、プーラン・デヴィは家族に隷属した生活が運命づけられていた。しかし彼女にはもっと多くを望む勇気があった。最初にまず、幼い少女が自分の意思に反して結婚させられ、嫁ぎ先の家族からパリア*として扱われ、経験した精神的な傷について想像するのは容易でない。自然に、この社会的追放から逃げたいと思い、彼女が加わったダコイト、武装盗賊団によって提供された共同生活に慰めを見出したのだった。**

＊訳注　社会ののけ者。

＊＊訳注　プーラン・デヴィについて武者圭子訳『女盗賊プーラン』（草思社）や拙訳書『インド盗賊の女王　プーラン・デヴィの真実』（未来社）他を参照。

青酸カリ・マリカ

私達が連続殺人者の動機を理解しようとすると、欲がおそらく原動力になっていることを無視できない。インドで初めての女性連続殺人者、K・D・ケムパマは単なる欲と、もっとよい物質的な快適さに動かされた女性だった。

逮捕されたとき、四十五歳だったケムパマは、青酸カリを使ってバンガロール*やその周辺の人を多数殺したので、「青酸カリ・マリカ」とあだ名がつけられた。

＊訳注　現ベンガルール。インド南部カルナータカ州の州都。インドのＩＴ産業の中核都市。

マリカは無防備な女性や、都市の寺院で平安を求める人達を犠牲にした。こうした女性はしばしば子供がいなかったり、結婚問題に直面していたり、非常に信心深く、神に助けを求めていた。残酷な運命のいたずらで、彼女達の救済は、求めていることをかなえてやると約束する親切そうな中年の女の手にかかって、死という形になった。マリカは、プージャ*を行う技にたけているのだ、絶望している女性が望んでいる奇跡を起せるのだと力説した。犠牲者達の信頼を得ると、マリカはまゆつばの奇跡のために、高価な服と宝石を身に着けてくるようにと言った。それから、犠牲者は寺院付近の人気のないところに連れて行かれた。いったんそこに着くと、犠牲者に目を閉じるように求めて、食物や飲物と混ぜて青酸カリを無理やり口に入れた。マリカはバンガロールにある寺院で九年間、こうした冷酷な殺人を犯した。

＊訳注　ヒンドゥー教の祈りの儀式。

マリカがとうとうバス停で取り押えられた時、何人かの死者から奪い取った現金や宝石を所持していた。答弁が記録されたとき、自分でも罪を認めた。

青酸カリ・マリカは今でも不可解である。犯罪の残酷さを理由づけようと殺人者の過去を調べて発育期に普通でない何かを見つけ出そうするが、彼女の幼少期にそうした事はほとんど、あるいは全くなく、手掛かりにならない。しかし、殺人にまつわる事実を少し読んでみると、彼女が罪を犯した理由がただ金だとわかる。彼女は犠牲者に一番上等の服装と宝石を身に着けてくるように言って、犠牲者を殺害し、犯行現場から逃げ、それらを自分のものにした。警察も、マリカの裁判で、強盗の目的で殺人を犯したのであり、彼女に精神病の傾向はないと証言した。

マリカは若くしてささやかな収入の仕立屋と結婚したが、ありふれた生活を受け入れられなかった。野心に燃え、金でぜいたくをしたいと望んでいた、彼女の言葉で言えば、「もっといい生活と物質的豊かさ」を望んでいたのだった。

殺人をするマリカの動機が富への魅惑であったとしても、犯罪者としての始まりは彼女の幼年期にあるのかもしれない。殺人より前に、マリカはチット基金*を持っていたが、すぐに失敗した。その後、家族のもとを去り、家事手伝いや金細工師の助手のようないくつかの低賃金の仕事をした。おそらくこの時期に犯罪が富を得る道だとはっきり自覚したのだろう。困難な経済状況が犯罪に至った理由だと説明できるかもしれない。

*訳注　インドにある制度で、利率をつけ貯蓄を受け入れ、家や他の購入物のために金を貸す。

彼女の最後の犠牲者となったナガベニがマリカの破滅の元になった。警察は各地の寺院の周辺で女性を食い物にしている不可解な殺人犯の捜査をしていたが、害のなさそうな四十五歳の女性が犯人だと気がつかなかった。

マリカの事件は、やむを得ない、あるいは、精神的に深く影響を及ぼす極端な状況があって、女性が恐ろしい罪を犯すという私達の伝統的な考え方と正反対だった。この事件は、昔からの男女の役割や私達の理解を超えているように思う。女性に殺人ができるという考えは、私達には理解しがたいが、この事件からそれが正反対であるとわかる。

第4章　運命のいたずら——姉と弟

子供に対する最も忌まわしい事件の一つは一九七〇年後半にあったビラとランガ事件である。事件は姉弟の二人の誘拐拉致、レイプ、殺害だった。二人の遺体が発見されてから、国中の人が、事件の経過にかたずを呑んで注目した。事件がすべての人の心の琴線に触れ、殺人者二人が警察で調書をとられ、絞首刑にされるまで、多くの関心を集めた事件だった。今日、同じように人々の記憶を呼び起すのは、ニタリ村殺人事件*やアルシ殺人事件**である。

*訳注　第7章参照。

**訳注　ノイダ二重殺人事件。十三歳の女子学生アルシ・タルワルとその家族に雇われた住込みの使用人四十五歳の男性ヘムラジ・バンジェイドの二人が二〇〇八年五月十五日—十六日の夜、ウッタル・プラデーシュ州のノイダにあるアルシの家で殺害された。センセーショナルなメディア報道がされ、メディア裁判と多くの人から批判された。事件は証拠不十分とされ、未解決のままである。

ビラとランガ事件

ある法律的規定を制定、修正、あるいは取消すことになる画期的な事件がある。特に刑事事件は社会法分野で重大な分岐点を表していて画期的な事件になる。社会の弱者を標的にした憎むべき犯罪を取巻く人々の衝撃と抗議、マスコミの圧力と徹底的な取調べが合わさり、おそきに失したとは言え、一般の人々に事件をはっきりと記憶させることになることがよくある。ギータとサンジェイ・チョプラ誘拐・殺害事件*はその一つの例である。

＊訳注　本章のビラとランガ事件。

運命はこの十代の子供達に優しくなかった。殺害の現場となったデリー・リッジ(都市のやぶ地)に二人が連れて行かれたのは、不運な出来事が重なったからだった。一般的に犯罪は明確な標的があって成立するが、この事件は違った。殺人者達は疑うことを知らない犠牲者を探し出して誰か襲おうとしていた。

冷酷に命を奪われたとき、姉と弟は十七歳と十五歳だった。ギータはジーザス&メアリー・カレッジ*の二年生、サンジェイはモダンスクール**の十年生***で学んでいた。二人はまだ十代の子供でこれから人生のすばらしい時期を迎えようとしていた。

*訳注　国立デリー大学付属の最良カレッジの一つ。

**訳注　一九二〇年創立。インドの名門校の一つでニューデリーにある男女共学の学校。

***訳注　インド憲法では六〜十四歳が義務教育と定められている。州によって多少の差があるが、基本的に小学校は五年生である。日本の学制は六・三・三制であるが、インドは五・三・四制で、初等教育〔日本の小学校にあたる〕は一〜五年生〔六〜十一歳〕、前期中等教育〔日本の中学校〕は六から八年生〔十一〜十四歳〕、後期中等学校〔日本の高校〕は九〜十二年生〔十四〜十八歳〕となっている。その上に高等教育として大学がある。

これは積極的に大衆が介入し、犯罪が起った時から、判決が下されるまでをマスコミが報道したインドで初めての事件の一つだった。

痛ましい運命

一九七八年八月二十六日に起ったことだった。事件がなければ、さわやかな夕方だった。午後八時に放送するオール・インディア・ラジオ放送局の番組、ヴァヴァニ*に出演するために午後六時十五分頃に家を出た。頭の中で彼らの足取りをたどり、私もカレッジの学生だった時にヴァヴァニの司会を定期的に務めていたので、彼らが実際に番組に出演していたらどのようなことを体験できたか想像できる。子供の父親であるマダン・モーハン・チョプラ海軍大佐が午後九時頃にラジオ放送局に車で二人を迎えに行くことになっていた。

*訳注　一九七三年に始まった青少年のためのラジオ放送。

同じ日にムンバイ（その当時はボンベイ）のアーサー・ロード刑務所から釈放されたばかりの二人の常習犯、ビラ（ジャスビール・シンの洗礼名）とランガ・クス（クルジート・シンの洗礼名）がデリーで盗んだからし色のフィアットを走らせ、疑うことを知らない犠牲者を探して街を下検分していた。彼らは子供を誘拐し、両親に身代金を要求する計画を立てていた。姉と弟の二人は、その時間では普通のことであったが、目的地までヒッチハイクをしようと決めていて、パーラメント・ストリートのオール・インディア・ラジオ放送局まで乗せてくれる車を見つけようとドゥラ・クワーン・リッジの近くで待っていた。通りがかった医者が二人を見たとき、雨が降っていた。医者は彼らの目的地の近くのゴール・ダク・カナまで乗せて行ってあげると伝えた。二人は医者の車に乗り、前もって決めていた地点で問題なく車を降りた。さらに先にあるオール・インディア・ラジオ放送局に行く手段を二人が探していたとき、常習犯ランガとビラが世間知らずのこの二人を偶然に見つけた。不運な犠牲者を探し回っていた彼らは車に乗せてあげると誘った。

ビラとランガは前もって誘拐を計画していて、いったん車のドアが閉められると開かなくなり、犠牲者を中に閉じ込めるようにドアのハンドルを改造していた。ギータとサンジェイはラジオ放送局に行くのに急いでいたので、車に乗り込んだ。しかし、二人は常習犯の悪巧みにすぐに気がつき、外に出ようとした。同じ頃に、バグワン・ダスという男性がゴール・ダク・カナからすぐのグルドワーラ・バングラ・サーヒブ寺院*を出て、ラシュトラパティ・バーワン**に通じるノース・アヴェニューに向かっていた。彼がビラとランガが乗ったフィアット車がゴール・ダク・カナの近くのヨーガ修行所の入口近くに駐車されているのに気がついたのは午後六時半頃だった。ダスは車の中から叫び声のようなものを聞いた。なぜ叫び声が聞こえたのか理由を知りたいと思った。後部座席に少年と少女が座り、前に座っている二人の男と喧嘩しているのを見た。ダス氏は車の近くにもっと寄ろうとしたが、ウィリングドン病院（現在のラム・マノハル・ロヒア病院）の方向に疾走した。ダスはすぐに警察のコントロールルームに電話をし、女の子がフィアット車の中から「バチャオー！　バチャオー！」（助けて！　助けて！）と叫んでいる声を聞いたと事件を伝えた。電話は事件が起って数分内の午後六時四十四分に記録された。

＊訳注　ニューデリーにあるシク教〔十五世紀末北インドのパンジャーブ地方で開祖ナーナク〔一四六九

—一五三九〕がヒンドゥー教とイスラム教を統合して興した宗教。唯一の神を強調、偶像崇拝・カースト を拒絶〕寺院。
＊＊訳注 大統領官邸。

車が走り去ったので、もう一人の心配した市民であるインデルジート・シン氏が車の中から少女の悲鳴を聞いてスクーターで車をしばらく追いかけた。しかし、フィアット車が引き離し、彼の視野から消えた。彼は午後六時四十五分頃にラジンダー・ナガル警察署に通報した。二人の市民から連絡があったにもかかわらず、警察は何もしなかった。警察は二つ目の通報を記録するどころか、申し立てられた犯罪は、裁判管轄権内にない犯罪*であり、そして、申し立てられた犯罪の現場が彼らの土地管轄外であるため、厳密な規定上の問題点があるとした。厳密に言えば、警察署の当直警官がシン氏の通報を警察コントロールルームに伝えたのは午後七時四十分だった。これでラジンダー・ナガル警察署は事件から手を引いた。

＊警察が裁判所の命令がなければ行動できないもの。

結局、午後十時四十分頃に警察は、目撃したことを知らせようとする複数の目撃者からの訴えを記録した。警察はその後、まる一時間は何のアクションも取らなかった。

その間、子供達は犯罪者達と勇敢な闘いをしていた。ビラとランガは誘拐した子供達の父親が普通の公務員であり、多額の身代金を払えないと知り、午後九時半頃にウッパル・リッジ・ロードのロータリーに近いブッダ・ジャンティ公園とシャンカール・ロードの間にあるウッパル・リッジ・ロードの樹木が密生した森林でサンジェイとギータを殺害した。もし迅速で十分な捜索が行われていれば、子供達は助かっていたかもしれない。

一方では、夕方、オフィサーズ・エンクレイヴという所にあるチョプラの家では家族がざわついていた。誇らしい時だった。子供達がオール・インディア・ラジオ放送局の番組に出演することになっていた。家族にはとても誇らしかった。時計が放送予定の八時を打ったので、チョプラ海軍大佐はラジオ放送をつけた。しかし、ラジオから流れる女性の声は誰か他の人で娘でなかったのでチョプラはとても驚いた。チョプラ家では番組が変更になったのか、間違った放送局をつけたのかもしれないと状況を理性的に考えた。

予定していたように、チョプラ大佐は子供を迎えに行くため、午後八時四十五分頃に家を出た。オール・インディア・ラジオ放送局の建物に着くとすぐ子供がそこにいないのを知り、尋ねると、驚いたことに、第一に子供達が出演していないのを知った。父親は大急ぎで家に電話をして、帰っているかどうか確認した。帰ってないのを知って、急いで家に帰り、子供達の所在を知ろうと友人や親戚に電話をした。それでもわからなかったので、二人を探して町中あらゆる場所に行った。午後十時十五分頃にチョプラ大佐は警察のコントロールルームに電話をし、行方不明者捜索の願いを申請した。チョプラ大佐はウィリングドン病院や、パーラメント・ストリート警察署など、さらにさまざまな場所を探して回った。落胆しながらも、ドゥラ・クワーン警察署にも捜索願書を出した。それまでには警察もギータとサンジェイを探し始めていた。

同じ日の午後十時十五分頃に、ビラとランガが偽名を使って、ビラの頭の怪我の治療でウィリングドン病院にやってきていた。傷の程度や深刻さを検査するためにX線写真も撮られた。数針縫って、ビラは退院が許された。

誘拐されてから二日後の一九七八年八月二十八日に、ダーニ・ラムという男性が畑の畝《うね》で牛に生草を食べさせていた時に、少女と少年の遺体に出くわした。その知らせがラジンダー・ナガル警察署に伝えられた。そこからデリー・カントンメント警察署に無線による通信文が送られた。警察がギータとサンジェイの遺体ではないかと気づき、遺体の身元確認で両親が呼ばれ、最終的に証明された。行方不明者捜索の願いが正式に殺人事件になった。ラジンダー・ナガル警察署はオール・インディア・ラジオ放送局を記録に残した。

追跡

姉弟の悲劇的な誘拐と殺害についてマスコミがすぐに取り上げ、第一面のニュースになった。

具体的な詳細が毎日、新聞で報道された。政府に対して不信や疑問の声が上がり、極悪な犯罪人を逮捕するために迅速な措置を取ると約束する声明を出すように政府代表者を促した。警察にも実行を迫る圧力がかけられた。警察は遺体が発見された場所から犯行現場を特定し、殺人の捜査を始めた。その間、遺体は検死に送られた。医師達は、ギータとサンジェイの遺体の傷は、キルパーン（シク教のカールサール*を特徴づける五つの印《しるし》の一つとして身につけている曲がった刃のある短剣、又はナイフ）によるもので、死亡した時は遺体発見より五十四時間から六十時間くらい前だと考えた。マスコミ機関が事件を広範囲に報道したことで、多くの目撃者が証言を申し出た。その中には、ドゥラ・クワーン・リッジからゴール・ダク・カナまで二人を車に乗せた医者もいた。

＊訳注　シク教第十代で最後のグルであるゴービンド・シング（一六六六〜一七〇八年）が創始した軍事集団。

警察はさまざまな線で捜査を始めた。その後の警察の取調べでビラとランガが犯人である可能性が出てきた。素性がわかり、ボンベイ警察に連絡をして、逮捕の追跡が始まった。しかし、しっかりした糸口がなく、二人は逮捕をすり抜け続けた。

取調べに大きな進展があったのは、一九七八年八月三十一日にマジリス・パークの住人が警察にビラとランガが見せびらかすように走らせていたからし色のフィアット車が乗り捨てられていると知らせてきた時だった。車は目撃者たちの証言と一致していた。警察は車から指紋、血液、頭髪のサンプル、偽のライセンスプレートを見つけた。血液のＤＮＡ検査と頭髪から、不運な姉弟を誘拐するのに使われた車に間違いないことが判明した。警察は目撃者達の証言以外にも被告人を有罪と決定するのに役に立つ証拠をフィアット車から発見した。

一九七八年九月八日にランス・ナイクス・グルテジ・シンとＡ・Ｖ・シェティがカルカ・メール*の軍の仕切り客室で他の軍人と旅行をしていた。彼らはタージマハル〔白大理石の霊廟〕があるアーグラーの近くで軍の仕切り客車に入ってきた男二人の様子が怪しいと思った。ランス・ナイクスは、マスコミ機関の多くの報道のおかげで、男達が姉弟を誘拐し、殺害した疑いをかけられているビラとランガだとすぐにわかった。彼らはこの男二人をロープで縛って、九月九日の朝早い時間にデリー鉄道駅警察の警官に引き渡した。ビラから本物の３２口径拳銃が発見され、ランガからはキルパーンが押収された。

＊訳注　インドで一番古い列車。

裁判

ランガとビラの裁判は衆目注視の的になった。取調べでビラとランガはどこかで車を盗んで、子供を車に乗せてやり、誘拐して、両親に身代金を要求するつもりだったと話した。そして不測の事態に備えて、子供を殺すことに決めた。ビラとランガが子供に乱暴しながら二人の父親が十分な身代金を払えない公務員だという情報を引き出した事実と、断固として抵抗して負けないサンジェイとギータの勇気と度胸に犯罪者達は怒り、殺害した。

検察当局は法廷で遺体が見つかった場所、フィアット車、その他のさまざまな所で集めた証拠固めをして、すきのない主張を述べた。そうした証拠と被告人の自白以外にも、検察は複数の目撃者の証言を示した。このようなよきサマリア人、つまり、困っている人を助ける情け深い人達は被告人に対して法廷で証言した。これは、警察や他の権威に悩まされるのを避けようと出来事を見て見ぬふりをしたニルバヤのレイプ事件*と正反対である。目撃者は子供達の失踪とその結果として起った殺害の重要な一日の出来事について答弁した。

*訳注　第1章参照。

警察は被疑者が犯罪にかかわった十分な証拠もなしに二人の写真をマスコミに発表するという大失態をしていた。これは証言する目撃者が国中のマスコミから出た写真に影響を受けたという被疑者の抗弁を導き、犯罪鑑識についての疑いを招いた。同じく、国内の新聞による事件についての過度な記事で人々がビラとランガに持つようになった敵意の感情は、検察当局の立場に悪影響を及ぼしていると言われた。

ビラは逮捕され、供述をし、診察のためにウィリングドン病院に連れて行かれた。医者はビラの額に傷があるのを見つけ、診察して、ビラの頭蓋骨のエックス線が、殺害の夜に病院を訪れた男と一致するのに気がついた。これは一九七八年八月二十六日に犯罪現場近くにいたことを立証した。事件の夜に被告人が病院に来た時に取られたエックス線のメモの指紋がビラのものであることも証明された。

ビラは犯罪に使ったキルパーンを買った店の場所を明らかにする別の供述もした。その後、二人は指紋などを記録するために治安判事の前に出頭させられた。

検死で遺体の傷は明らかにキルパーンで付けられ、姉のギータは殺される前にレイプもされていたことがわかった。この事は国民をさらに怒らせた。

クルジート・シン、別名ランガ・クスとジャスビール・シン、別名ビラは、ギータとサンジェイ・チョプラの殺害に関連するさまざまな罪のために特別治安判事裁判所の造詣の深い裁判官によって有罪と決定された。二人の被告人はインド刑法第三十四の三〇二項の下、殺人の罪で死刑と刑法第三十四条と共に三六三、三六五条、三六六条、三七六条の下で異なる投獄期間が下された。

ランガは一九七八年九月に自白をしたが、後の十一月にそれを取り消した。ビラも一九七八年十月に自発的に自白したが、一カ月後に取り消した。二人は自白で互いに対し不利な証言をした。

これは一人の囚人がもう一人が何を言うかわからないため、相互不信から両方が互いに不利な証言をすることになる囚人のジレンマの典型的な例である。事実審裁判所は次のように表した。

すでに論じられているように検察当局が提出した証拠により、上訴人がゴール・ダク・カナで午後六時四十分頃、フィアット車に被害者達といるのが目撃され、それより後にはシャンカール・ロードに至る道路で目撃されている。午後七時三十分頃にはブッダ・ジャンティ公園ではっきりと目撃されたことは明らかである。被害者は午後九時三十分頃に最後の息を引き取った。そして上訴人は午後十時十五分にウィリングドン病院を訪れた。彼らはサンジェイとギータに何をしたか説明しないで、偽りの弁明をしている。状況証拠により上訴人が殺人を犯したのに疑問の余地はない。

有罪で死刑の判決が一九七九年十一月十六日にデリー高等裁判所で確定した。
事実審裁判所の判決に同意して高等裁判所は次のように意見を述べた。

私達は上訴人が殺人に対してためらいを持たない無法者であるということに同意する。
罪のない二人の十代の子供を冷酷に、無慈悲で残酷に殺害する非常に極悪非道な計画を思いついた。

上訴人達は弟サンジェイを殺害するとすぐに、サンジェイのなすすべのない姉を裸にし、良心の呵責もなくレイプした。自分達のみだらな欲望を満足させると、彼女も殺害し、遺体を茂みの中に投げ捨てた。上訴人が残酷なサディスト的な喜びを持って罪を犯したのは明らかである。

犯罪、あるいは犯罪人を見ようが見まいが、結論は、上訴人がいなくなることで、社会がもっと望ましくなり、危険にさらされないで安全が保たれると言える。事実、死刑以外の判決は、正義に全く反することになる。私達は事実審裁判所の裁判官が死刑を下すのに示した特別な理由にすべて同意する。

インドの最高裁判所は有罪判決に対しての上訴を退け、高等裁判所の判決を支持した。

裁判後の結果

インドで慣行のように、国の最高裁判所による判決が確定した後でも請願者は最高裁判所にさらに別の上訴請求ができる。ランガは特別許可嘆願を却下された後、主な犯罪実行者はビラであり、自分でなかったという理由で死刑判決の再審議を懇願する申請を提出した。最高裁判所はそれを棄却した。

最高裁判所は次のように判決した。「〔二人は〕同じ危険を共にし、生死を共にしなければならない……秩序ある社会に生きる者は社会的治安と安全の脅威であるランガやビラのような人間の死を要求する。彼らは殺人のプロであり、成熟した社会的良識の基準からしても同情の余地はない」

それにもかかわらず最高裁判所に、裁判所はインド大統領の寛大な処置の拒否を吟味すべきだと主張する別の申し立てが提起された。大統領が請願者に科された死刑をもっと軽い刑罰に変えることを拒絶し、憲法第七十二条の下での自由裁量の権能に違犯したとビラとランガは申し立てた。最高裁判所は、この特別な規定の寛大な処置を、本来、公正に、賢明に、行使する義務があると特に言及した。それでも、そうした権力の行使はケースバイケースで決定されなければならないので、第七十二条の下での大統領の権能や権力の行使の範囲に入ることはなかった。この場合、考えうる唯一の判決は、死刑だった。判決は確固としていた。罪人はプロの人殺しで、情けをかけるに値しなかった。

だが、死刑執行の前に、もう一つの嘆願が最高裁判所に提出された。この新しい嘆願書は事件に関連して提出された他のものとは異なっていた。日刊紙『ヒンダスターン・タイムズ』紙の

ティハール刑務所をアシュラム（教派を超えた修行道場）のように改革したキラン・ベディ（訳者提供）

記者、プラバ・ダットがデリー政府とデリーにあるティハール刑務所*の長官に、彼女がビラとランガにインタビューするのを認めるように命じる職務執行令状**の発行を求めたのだった。刑務所の規則では、死刑囚監房の既決囚に会うのが認められているのは親戚、友人、法律顧問だけである。一九八一年のプラバ・ダット対デリー政府で最高裁判所は画期的な決定をし、既決囚達がインタビューに応じる用意があれば、それを否定する理由はないと裁定した。

＊訳注　南インド最大の刑務所。キラン・ベディ〔女性〕がトップのときに改革が行われティハール・アシュ

ラムとも呼ばれる。
＊＊訳注　上級裁判所から下位裁判所・行政機関・法人などに特定事項の履行を命じる令状。

勇気ある行動

歴史は日常には起らない事と戦ったこのティーン・エージャーの勇気と度胸を記録するだろう。目撃者の一人は、女の子が前に座っている運転手をしっかりつかんで、危険を知らせる声を上げているのを見たと述べた。同時に男の子は運転手の隣に座っている男と喧嘩をしていた。インド政府は、一九八一年四月五日にギータとサンジェイ・チョプラに勇敢な行為に対して、キルティ・チャクラ賞*を授けた。一九七八年に児童福祉のためのインド評議会は国のキルティ・チャクラ賞と並んで毎年授与されるサンジェイ・チョプラ賞とギータ・チョプラ賞という十六歳以下の子供の一年の勇気の賞を設けた。

＊訳注　目だった勇気に対して、インドの陸軍・空軍・海軍などの男女の軍人や軍の看護サービスのメンバー、警察や鉄道保護部隊のメンバー、民間人に、インド国防省からメダル授与される。

子供が殺害される事件はいつも打ちのめされるような気持になる。この事件では犠牲者が姉弟であり、家族が同じ日に同じ残虐な犯罪で子供二人を亡くしたのには特に胸が引き裂かれる。このような事件で両親の悲しみや怒りは想像を絶するものである。事件はすべてのインド人の琴線に触れ、大きく激しい抗議が起った。警察が真剣に追跡し、犯人の逮捕に至ったのは、世間一般が騒ぎ立てたからである。とはいえ、デリー高等裁判所は警察を厳しく非難した。「この事件から離れる前に、もし警察が即座に行動をしていれば、二人の子供の命は救えただろうと言わざるをえない……特別機動隊*がすぐに活動していれば、殺害を防ぐ十分な機会があった。犯罪者を逮捕するために、市民の目撃者達からの通報に行動を起すべきだった」

＊訳注　緊急時に迅速な行動をとれるよう機動力を備えた警察の別動隊。

私達は時計を巻き戻すことはできないが、教訓を学べる。今度、訴えがあれば、耳を貸さないことがあってはならないとだけは望める。犯罪が起ってからだけでなく、その防止のためにも警察の敏速さと勤勉さが求められる。当局は次にはサンジェイとギータを救えるように、十分責任を果たさなければならないとだけ述べてこの章を終わる。

第5章　市民社会の力――正義の擁護者

プリヤダルシニ・マトゥとジェシカ・ラル

私が人生を捧げている職業について考える時、法律の本質は社会規範の成分化であると実感としてわかる。今まで一定の民法典が作られてこなかったインドでは特にそう思う。インドは社会として非常に多様で、変化に富んでいるが、私達を教養のある人間としてみなす共通の基本的な特徴が少しはある。私達は階級、カースト、あるいは宗教で制限されるにもかかわらず、挑発されると集団の意識の中に、必ず一般大衆の激怒を引き起す接点がある。

この大衆の怒りを駆り立てるものは何だろうか。いつ私達の心に持つ偏見の気持が人間として団結して怒りの闘志に変わり、制度をよく考えることを強いるのだろうか。

国民が激怒した例は、社会と同じように古いものである。マリー・アントワネット*が農民に「ケーキを食べれば」と言った時や、現代では、デリーの街を当てもなく走らせているバスの中で若い女性が残忍に殺害された時であった。[**] 私達の国でも近代インドの誕生[***]以来、市民社会の激怒は存在している。近代インドの誕生それ自体が英国の抑圧に対する市民社会の側の激怒だったと言いたい。

*訳注　〔一七五五―九三〕フランス王ルイ十六世の王妃。「パンがなければケーキを食べればいいじゃない」と言ったとされる。フランス革命で処刑された。

**訳注　第1章参照。

***訳注　一八五八年にイギリスがインドを直接統治下においてから長年イギリスの植民地であったが一九四七年八月十五日に独立し、インド共和国になった。

社会に変化を起す時、正しい事のために闘い、制度に変化を余儀なくさせる時、誇りを感じる。目覚めさせる事件は身震いする、残忍なことが多いが、それらが変化を引き起す。残虐行為を私達が認識し、それに反対の行動を起せることに誇りを覚える。私は職業柄、幸運にもこうした市民社会の目覚めを目撃し、一部になれた。その中の二つがプリヤダルシニ・マトゥとジェシカ・ラルの事件だった。

プリヤダルシニ・マトゥとジェシカ・ラルの殺害は一般の人々の良心に衝撃を与えた。特に二人の女性が現代インドの良い面を表していたからだった。二人は教育があり、自分で選択した分野の仕事で成功が期待されていた。デリー大学の第一線の法学部の学生だったプリヤダルシニはどの両親でもそうあってほしいと願うような理想的な娘だった。ジェシカはインドの首都で人生を楽しんでいる成功したモデル、インドの若者のあこがれの的になっていた。このような社会的にしっかりした、成功した市民の殺害は、人々の琴線に触れた。

当局は両方の事件で正義を追求する義務を果たすことができなかった。一連の状況が被告人の有罪を物語っていても、事実審（第一審）裁判所の裁判官は、プリヤダルシニの殺害者を無罪にした。ジェシカの事件でも、殺人者が自由になるために賄賂を贈り、脅迫したのを警察は目撃していた。

当局は失敗したが、市民社会は成功した。殺人者に相応に罰を確実に受けさせるのにマスコミ機関と一般の人々が中心的な役割を果たした。デリーではこの二人の若い犠牲者のために正義を求めて、デモが行われた。マスコミは裁判を詳細に報道し、事件について体制にすばやい注意を促した。デリー高等裁判所では事件は毎日審理された。被告人達が、噂によれば、権勢に物を言わせたにもかかわらず、マスコミ機関が生み出した社会の大騒ぎのおかげで、両方の事件は正義に至った。

プリヤダルシニ・マトゥとジェシカ・ラルの殺害者達は凶悪犯罪を起した罪で、現在、終身刑で服役中である。

二つの事件は反応のにぶい法制度の新時代を表し、多くの犠牲者に制度のなすがままになってはいないと思わせることになった。市民社会は成功することも多いが、普通は「マスコミによる裁判」は刑事上の判例では否定的に考えられる。この二つの事件では、幸運にも、調査機関が絶望的なほど失敗したが、十分に説得力がある証拠があった。

本章の目的は、この二つの事件に正義をもたらした社会的圧力の役割を綿密に検討することである。プリヤダルシニ・マトゥとジェシカ・ラルの二つの事件は、市民社会の力を示す最も説得力のある実例である。

プリヤダルシニ・マトゥ

男性は罪を犯したが、有罪と証明できないと裁判官が述べたとき、大きな疑問がわいた。裁判官は、罪を犯したと公言する男を一体どうして罰することを拒否したのだろうか。不可解と思われるかもしれないが、プリヤダルシニ・マトゥの事件でこれは事実審裁判所の裁判官が行ったことである。国民に衝撃を与えた裁判で、裁判官は弁解がましく判決した。「彼が罪を犯したのはわかっている。[しかし]「不確かさの恩恵」*を与え、証拠不十分で彼に無罪を宣告する」

＊訳注　the Benefit of Doubt　裁判官は証拠不十分として被告人を無罪放免できる。

一七四九年にヴォルテール*が述べたように、犯罪法学の有名な教義の一つは、「有徳の罪のない一人の人に有罪の判決を宣告するより、実のところ有罪であっても、二人の人を無罪にするほうが賢明だ」というものである。あるいは、ベンジャミン・フランクリン**は「一人の罪のない人が苦しむより、一〇〇人の罪人が罪を免れたほうがよい」と繰り返した。しかし、有罪を逃れることは正義を行うことでもない。プリヤダルシニの事件で、裁判に提出された証拠が示しているように男は、どう想像しても無罪ではなかった。それではなぜ無罪を宣告されたのだろうか。その答えはプリヤダルシニ・マトゥの殺人裁判にある。

*訳注〔一六九四—一七七八〕フランスの哲学者・文学者・歴史家。
**訳注 アメリカの政治家・著述家・科学者。アメリカ独立宣言起草委員。『フランクリン自伝』。

マトゥへの嫌がらせは、青年が女の子の後を追って、絶えず愛していると言い、一緒に出かけようと誘うボリウッド*映画で美化されるやり方から始った。この事件では、不運なことに、ストーカー行為が二人の若者の人生を破滅に導くことになった。マトゥは二十五歳で、デリー大学の有名な法学部の学生だった。サントシュ・シンは先輩だった。サントシュはプリヤダルシニ・マトゥに強い気持を抱き、どこにでもつきまとい、彼が大学を卒業してからもストーカー行為をした。サントシュはプリヤダルシニを数多く悩ませ、こわがらせた。彼の行為にだんだんと苛立って、彼女は最後の頼みの綱として警察に不満を訴えた。警察はサントシュを署に呼んで注意した。プリヤダルシニには保護のため私的な保安警察がつけられた。

＊訳注　インドの映画産業〔Bombay 現在の Mumbai がインド映画産業の中心地であることから〕Bombay +Hollywood=Bollywood。

その後すぐにプリヤダルシニが居住していた親戚の家で残忍に殺害されているのが発見された。サントシュは、プリヤダルシニの親戚が以前からの彼の行為を知っていたため、最初から第一容疑者になった。サントシュが犯罪を否定したため公判となった。

この事件は金持で影響力を持つ父親が力を使って法律無視、息子を守るためなら何でもする話にぴったり合っていた。サントシュ・シンはデリー警視総監の息子だった。デリー警察の警察官達が苦情を握りつぶし、共謀して証拠隠滅、警官がするはずがないあらゆる事をしたのが注目された。サントシュが何の罪にも問われず事件を締めくくることもできただろう。しかしマスコミが事件に立ち向って闘った。

事実審裁判所のG・P・タレジャ裁判官は、裁判で事件についてデリー警察の役割を批判した。裁判官は、サントシュの父親が取調の過程で証拠の破壊におそらく関わりを持ったと気づき、「デリー警察に著しい怠慢があった」と述べた。

デリー高等裁判所は、サントシュの父親がインド警察の警視総監という高い地位に就いていたため、息子に対するハラスメントやストーカー行為に何度も申立があったが、警察が対処を怠ったという事実審裁判所に賛成の意を表した。「部下は警察仲間の身内への不満の訴えに対処しなかった」という判定だった。デリー警察の部下の警官の取組や仕事ぶりは、法律の規則が「法を守らせる側の人々のためにあるのではないし、そうした人の近親者のためにあるのでもない」という事を思い出させるという事実審裁判所の意見を引合に出した。これらすべてが判決の時、サントシュに不利に働いた。

事件が様々なテレビ、ラジオ、新聞で広く報道され、圧力がかかったインド捜査局*がデリー高等裁判所に上訴したのだった。マスコミから熱心に監視され、事件は毎日報道され、ついに裁判所はサントシュ・シンに有罪を宣告した。

*訳注　一九四一年ニューデリーに設立。インド政府管轄のインドで最高捜査局。

高等裁判所は被告人に十三の事実について指摘した。

一　被告人は故人を一九九四年末から一九九六年一月に死亡する数日前まで絶え間なく悩ませていた。そうした出来事のいくつかは次のようなものであった。

(a)　一九九五年二月二十五日に、故人が車を走らせていた時、被告人はバイクで後を追い、交差点で個人の車を止めようとした。被告人は「これからは困らせない」と警察に約束をして警察から放免された。

(b)　一九九五年八月十六日に被告人は故人の車をバイクでヴァサント・クンジにある彼女の住居まで追跡した。被告人はその家の玄関を壊して開けようとした。この時も、被告人は今後、彼女にかかわらないと約束をした。

(c)　一九九五年十一月六日に被告人は故人の腕をつかもうとした。

(d)　プリヤダルシニ・マトゥは一九九五年十月二十七日にデリー大学キャンパス法律センターの法学部学部長にも嫌がらせを申し立てた。被告人はそうした行為をやめるように注意された。恥をかかされた仕返しに被告人は、マトゥが大学の規則に反してデリー大学の商学修士と法学士の二つのコースを同時に続けていると一九九五年十月三十日に大学当局に訴えた。申し立てにより、B・B・パンディ教授は故人に説明を求める理由開示の通告をした。それに応じてマトゥは一九九一年には商学修士課程の学生だったと回答した。故人は、法学部三年生の試験をまだ受けなければならなかった。マトゥは彼の申し立ては悪意のあるものだと主張した。法学部の第五セメスターの試験結果の発表は、前記の申し立てについて最終的決定が未定であったために、デリー大学によって保留にされた。

二　被告人は故人に嫌がらせを前にもしていたと認め、今後はしないと一度と言わず何度も約束していた。

三　被告人の動機は彼女を自分のものにするか、破滅させることだった。

四　事件のあった日に、故人が授業に出席していたデリー大学法学部の校内で被告人はもう法学部の学生ではなかったが、その姿が午前に目撃された。

五　殺害前の決定的な時間、すなわち一九九六年一月二十三日午後五時頃に、プリヤダルシニの住むアパートの戸口の外で顔面を保護するバイザーがついたヘルメットを手に持った容疑者の姿が目撃された。

六　殺害があった日、被告人は当時、バグワン・ダス・ロードにあるインド法律研究所の学生であったが、授業に遅れた。

七　殺害の後、すぐに死者の母親は娘の殺害に手を下したのが容疑者だと疑いを持った。

八　被告人が一九九六年一月二十三日から二十四日の夜に取り調べに応じた時、右手に傷があった。右手の第五中手骨《ちゅうしゅこつ》*に腫上りと骨折が見られた。右手にバンソウコウも包帯もしていなかった。その傷は新しく、二十四時間か三十八時間前に負傷したものだった。そのときの被告人の血圧も高く、不安を示していた。

九　DNA検査と指紋が被告人の犯罪が確かだと立証した。
十　一九九六年一月二十五日に容疑者のヘルメットのバイザーがこわれていた。殺人事件が起きる前、一九九六年一月二十三日に容疑者のヘルメットにバイザーがあったことをシュリ・クプスワミイと私的な保安警察ラジンダー・シンが目撃していた。バイザーの両側面に暴力行為の存在が発見された。ヘルメットに少量の血痕が付着していた。犯罪現場のマトゥの遺体のそばで彼女の血液がついたバイザーの破片が見つかった。
十一　死者は三本のあばら骨が骨折し、さらに十九カ所も負傷していた。こうした傷はレイプのために暴力が使用されたことを示唆していた。故人のTシャツの上の左胸あたりの裂けたところは、性的虐待に暴力が使われたことを示していた。
十二　被告人は手の骨折をしたのが一九九六年一月十四日であると偽りの証言をしているが、新しいものではなかった。
十三　被告人の父親の影響力があり、故意に事件を歪めた。

＊訳注　手の甲を形作る五本の骨。

インド捜査局の主な失敗の一つは、プリヤダルシニが遺体で発見された家の使用人であるヴィレンダー・プラサドを出廷させることができなかったことだった。デリー高等裁判所は、裁判所の調査/再審理のために、そうした証人を出廷させることについてインド捜査局側で公正さの欠如があり、刑事裁判の証言が合理的疑惑以上になるのを妨げる結果になったのではないかと考えた。インド捜査局は使用人ヴィレンダー・プラサドの供述を録音していたが、証人として出廷させることはできなかった。だが、マスコミが簡単に使用人ヴィレンダー・プラサドを彼の村で見つけ出した。

事実審裁判所によれば、検察当局の行為は公正さと良識の原則で根絶すべきであった。しかし、検察当局は決定的・継続的に調査妨害をしようとした。インド捜査局が事件の適切な状況証拠を示すことができなかったため、サントシュ・シンに有利な「不確かさの恩恵」の判決にするべきだと裁判官は考えた。

事実審裁判所のG・P・タレジャ裁判官は、専門家の証言を軽視して、サントシュ・シンのレイプの罪を放免し、殺人に対しては「不確かさの恩恵」を与えた。事実審裁判所は提示されたDNAの証拠を不正な変更を加えたと主張し受け入れなかった。

高等裁判所は次のように述べた。「したがって、裁判所はインド捜査局が集めた物的証拠が使えず、事件の証拠に妥当な疑いの範囲を越えて穴をあけてしまったのは、捜査局側の不公正に原因があると考えざるをえない」

刑法では被告人に「不確かさの恩恵」を与えることは規則にかなっているようである。捜査機関の誤りが事件を弱体化させる例は多くある。不運なことに、多くが意図的な怠慢のようである。捜査機関側の意図的不履行はいつも被告人に味方するのだろうか。それは刑法で決着のついていない議論である。

被告人サントシュ・シンが結婚し、デリーで弁護士になって仕事をしていると種々のマスコミが報道していた。二〇〇六年十月十七日にサントシュ・シンは殺人とレイプの罪でインド刑法三〇二条と三七六条の下、有罪が確定した。それでは事実審裁判所のG・P・タレジャ裁判官の最初の判決が非難された。「事実審裁判所の裁判官は、驚くことに、正道を踏みはずした取組で、証拠不十分で被告人に無罪を宣告した。それは正義を傷つけ、裁判官の良心に衝撃を与えた」

高等裁判所にレイプの判決もくつがえされた。「体にはレイプの明らかな証拠はないようだが、故人の膣のスワブ*やヘアクリップ、下着で行われたDNA検査、血液サンプルで、レイプが行われ、しかも被告人によることは明らかだ」。高等裁判所は、専門家に委ねてその意見を受け入れないで、あるテキストや書物を引き合いに出し、鑑定証人**の証言を退けることは裁判所にとり危険な教えとなると判断した。高等裁判所は、故人の膣のスワブ、ヘアクリップ、血液サンプルが改ざんされたという事実審裁判所裁判官の判決をくつがえした。

＊訳注　綿棒で採取した検査用の分泌物。
＊＊訳注　法廷審理で専門家の立場から鑑定・証言を行う人、検視医など。

特に、DNA検査に問題はないし、科学的捜査と状況に基づく証拠が一致していると判決した。デリー高等裁判所は次のように判決で述べた。「上述した申し分のない証拠で疑問の余地なく証明されたすべての状況を綿密に検討すると、そうした状況が完全につながり、故人にレイプを犯し、その後、殺害したのが被告サントシュ・シンであると私達はただ一つの結論に達する。事件の状況証拠にはまったく矛盾がなく、被告の無罪は相いれない」

「決定的な状況証拠」をもとに判決に達した。

二〇一〇年十月に最高裁判所はサントシュ・シンの有罪判決を支持し、レイプについては多少の不確かさがあっても、プリヤダルシニ・マトゥを陰惨に殺害したサントシュ・シンの有罪性には問題がないとした。「そのため、一瞬、レイプについてある不確かさがあると仮定しても、上訴人の殺人の有罪性は大きく、私達は公然と無罪放免を命じた事実審裁判官の判決に非常に驚く」

しかし、最高裁判所は死刑を終身刑に減刑した。「疑問の余地なく、判決を下すことは難しく、裁判所の意向を遂行することが多いが、終身刑と死刑で意見が分かれる場合には、選択はきわめて制限される。もし裁判所がどちらを裁定するか困難を少しでも感じるなら、軽いほうの判決を下すのが適切である」

サントシュ・シンは現在、終身刑の罪で刑期を務めている。

ジェシカ・ラル

ジェシカ・ラルはニューデリー在住のモデルだった。クトゥブ・ミーナール*の近くで開かれたパーティーで、ハリヤーナー州の当時の物品税と税務大臣ヴェノッド・シャルマの息子シダルタ・ヴァシシュト、別名マヌ・シャルマに射殺された。事実審裁判官はマヌ・シャルマに証拠不十分で無罪を宣告したが、デリー高等裁判所は有罪にした。

*訳注　首都ニューデリー南郊にある尖塔。クトゥブッディーン・アイバクが一二〇〇年頃に建造したインド最大・最古のミナレット（尖塔）で高さ七十二・五メートル。隣接するモスク（イスラム教寺院）とともに世界遺産。

ジェシカ・ラルが射殺されることになったマヌ・シャルマとの口論は取るに足らないものだった。ジェシカ・ラルはパーティーで有名人バーテンダーであった。酔った状態でシャルマはジェシカの所に行き、酒を頼んだ。パーティーで酒の在庫がなくなっていたので、ジェシカはマヌに酒を提供できないと言った。マヌはこれに腹を立てて、突然に銃を取り出した。天井を一撃し、その後すぐにジェシカのこめかみをめがけて一発発射した。ジェシカはその場で即死だった。マヌは自分がしたことに気がつき、他の三人の友人と翌日にデリーからヒマーチャル・プラデーシュ州に逃亡した。しかし数週間後にデリー警察に逮捕された。

パーティーにいたほとんどの人がその夜の出来事について証言するのを拒んだ。シャルマがジェシカを撃ったとき、パーティーによく出入りする人達が犯行現場にいた。だが、マヌ・シャルマと彼の父親が政治的影響力を用いて現場証人になりそうな人達をおどして黙らせていた。その結果、事実審裁判所は証拠不十分のためにマヌ・シャルマに対して無罪を宣告した。

シャルマの無罪判決の後、ジェシカのために正義を求める大規模な民衆の抗議運動があった。デリーでシャルマの有罪判決を求めて抗議デモがインディア・ゲイト*の近くで行われた。インドの大統領に問題に介入を求めるキャンペーンを始めた民放テレビＮＤＴＶや数多くのマスコミ機関が抗議に参加した。

＊訳注　インド門。高さ四十二メートルの石造りの記念門で、ラジパト通りの東側に立っている。第一次世界大戦とその前後の北西部国境地帯での紛争、一九一九年の第三次アフガン戦争で亡くなったインド人兵士八万五〇〇〇人の名前が刻まれている。

抗議に続いて、事件はデリー高等裁判所に上訴された。高等裁判所でのいつものたるんだペースの法的手続と比べて、この事件は毎日のように審理された。高等裁判所はマヌ・シャルマを殺人で有罪とした。最高裁判所への上訴でも、有罪が支持され、彼は現在、デリーのティハール刑務所で終身刑の罪で刑期を務めている。

マヌ・シャルマは他の罪以外に殺人と証拠破壊に問われた。シャルマの友人達は共謀や容疑者をかくまったというもっと軽い罪に問われた。

最初の段階では裁判はカタツムリの歩みのようにゆっくりと行われ、ほとんどの証人に供述を取り消す時間を与えてしまった。三十二人もの目撃者が裁判中に検察当局に反感を持つようになった。その中で一番目立ったのが俳優シャヤン・ムンシであり、彼はジェシカが撃たれた時、彼女の近くにいた。彼は銃撃の直後に警察にヒンディー語で供述をしていた。だが、後になって、ヒンディー語をまったく知らないので、証言は偽りだと主張した。しかし、それは通信社がおとり捜査を使って、映画の役柄に適格がどうか調べるためにヒンディー語で話をしてくれるように彼に頼み、その時、簡単に嘘がわかってしまった。二つの銃が関係していたというムンシの証言に関して、判決ははっきり述べた。「彼は法廷で百八十度の転換をして、バーのカウンターに二人の紳士がいたという説を言い出している……この点で彼がまったく嘘を言っているのは疑問の余地がない」

従来、証人は自分達の供述を取り消し、事件に反する証言をすることで知られている。評決はこれを注意するが措置はとられていない。法律ではインド刑法第一九一条と第二〇一条、刑事訴訟法第三四〇条で、偽証する証人に対し刑事訴訟を規定しているが、刑罰が与えられるのはまれな事件だけである。しかし、ジェシカ・ラルのこの事件はそのようなまれな事件の一つになった。あまりにも多くの証人が敵対的になるのに当惑し、高等裁判所は、無罪判決に反対する上訴で、俳優シャヤン・ムンシや弾道学の専門家P・S・マノチャを含む三十二人の証人に自発的な法的手続きをさせた。

二〇〇七年二月二十日に二十九人の証人のうち十人が放免された（証人のうち三人は裁判中に死亡していた）。二〇一三年五月二十二日に裁判所はさらに十七人の証人を放免した。だが、ムンシとマノチャは敵対的になったため起訴するよう指示が出された。

二〇一六年に最高裁判所は、次のようにはっきり述べて、弾道学の専門家P・S・マノチャの偽証を無効にした。「実弾が異なる小型銃から発射されたように見えたという〔マノチャの〕意見は、銃を調べることもしないで意見を述べるように裁判所が強要したもので、その事に注目するのは重要なことである。言い換えれば、それは自発的なものでなく、まして故意の宣誓証言などではなかった」。ムンシに対する偽証罪は未決のままで、彼は現在保釈出獄中である。彼に出された保釈できない令状は無効にされた。

事実審裁判所は、ジェシカを撃つのに使用され、刑事事件では非常に重要な行方不明の銃を表して、十分な証拠をデリー警察が示せなかったために被告人に無罪を宣告すると述べた。デリー警察は天井めがけて発射された銃弾とジェシカを撃った銃弾が同じ銃からのものであることも証明できなかった。
マヌ・シャルマが事件を有利に進めるために使った違法行為が明らかになると、マスコミの関心が大きくなった。ニュース雑誌「テヘルカ」*が行ったおとり捜査が二〇〇六年九月九日に「スター・ニュース」テレビで放送された。これは見たところ目撃者が賄賂を贈られ、最初の証言を取り消すように強要されているようだった。暴露記事では何人かの証言者に金を払った人物として父親のヴィノッド・シャルマの名前があげられていた。ヴィノッド・シャルマはインド国民会議派**の上層部指導者達から圧力をかけられ、ハリヤーナー州の閣僚を辞任した。

*訳注　二〇〇〇年に設立され急成長。英語とヒンディー語版。
**訳注　インドの政党。日本では慣例的に国民会議派と呼ぶ。長く与党であったが、二〇一四年の総選挙でインド人民党〔ＢＪＰ〕のナレンドラ・モディが圧勝。さらに二〇一九年の総選挙でもモディ首相が圧勝。

デリー高等裁判所はシャルマが有罪だと決定し、事実審裁判所Ｓ・Ｌ・バヤナ裁判官を批判した。高等裁判所は現場証人ビーナ・ラマニとディーパク・ボジワニの証言を重視し、バヤナ裁判官が身を入れて仕事をせずに、マヌ・シャルマと仲間を無罪にしようと判決を下したと述べた。「これはまったく勤勉さに欠け、ある目的、すなわち、無罪放免にしようとする性急なやり方を示している」

訴訟中に典型的な第三者の弁護の声も上がった。年長の弁護士ラム・ジェトマラニが被告人に有利になるように論じ、ジェシカを殺害した弾丸を発砲したのは、アマルディープ・シン・ギル（共同被告人）とは別の、彼の顧客である被告人マヌ・シャルマでない「背の高いシク教徒の男」だったという説を唱えた。ジェトマラニは弾道学の専門家達や、ジェシカを撃った弾丸はマヌ・シャルマが撃ったものではなく、誰か他の者のだと主張していたシャヤン・ムンシの助けを借りて、二丁の銃があったという説を支持した。ディーパク・ボジワニはパーティーで会場を歩き回っているとシャルマに出会い、酒の手配を頼まれ、バーが閉まっていたとシャルマが話していたと証言していた。ラム・ジェトマラニは、その時、一人の「シク教徒の紳士」がシャルマの背後からやって来て何か話しかけ、パーティー会場のレストランであるタマリンド・コートの方にシャルマを連れて行った。マヌ・シャルマとシク教徒の男性がアマルディープ・シン・ギル（共同被告人）だと写真で確認した。ディーパク・ボジワニはジェシカと五～六年は友達だったので、利害関係者であるから彼の証言を棄却するように弁護士ラム・ジェトマラニは裁判所に強く迫った。ジェトマラニはボジワニの名前は招待客のリストにも載ってなく、検察当局の報告を支持するために送り込まれた者だとも言った。

最高裁判所は原告の反証証拠の提出がなく、判決した。「酒のことで喧嘩になり、ジェシカ・ラルを撃ち、その場から逃走したのはがっしりした色白の白いTシャツを着た人物でなく、これは検察がマヌ・シャルマを縛り付け、背の高いシク教徒の紳士を上手く逃がそうと前もって仕組み、捏造した話だという被告側弁護人の主張は全く見当違いであり、根拠が何もない」

重要な事の一つは、事件が起きたレストラン、タマリンド・コートの所有者ビーナ・ラマニの証言だった。ラマニが偶然に被告人と出会ったとき、犠牲者が倒れるのを見たと言う彼女の証言を事実審裁判所は、彼女が事件の目撃証人でないが、マヌ・シャルマがいたことの証人になったので退けた。最高裁判所はデリー高等裁判所裁判官の判決に同意した。デリー高等裁判所は事実審裁判所の決定に不快感を表した。「事実審裁判所はマヌ・シャルマがジェシカ・ラルに向かって発砲するのをビーナ・ラマニが見たのでなく、彼女がそう感じただけだと考えるのは大変な間違いである。学識のある裁判官に失礼ながら、これは証拠の大きな読み違いだと私達は考える」。さらに「事実審裁判所のこうしたような姿勢が重大な誤審を引き起している」

インドの最高裁判所は、ビーナ・ラマニの家族が事件についての警察の報告に忠実であるよう強制されたという主張を退けた。

結局、マヌ・シャルマは罰金と終身刑が下された。もう一人の被告人アマルディープ・シン・ギルは罰金と四年の禁固刑になった。シャルマを死刑に処するようにという訴えは、殺人は故意であるが、前もって計画したものでなく、シャルマは社会の脅威とは見なされないという理由で却下された。

シャルマの弁護士はビーナ・ラマニを証人として扱うのは間違っているので、最高裁判所に上訴することになると予告していた。

弁護士はデリー高等裁判所の判決を非難し、マスコミが問題を決めてかかり、彼の依頼者をおとしめるキャンペーンをしたと言い立てた。

最高裁判所は「メディアによる裁判」の要素があったことは認めたが、それは高等裁判所の決定に影響を与えなかったと考えた。

二〇一〇年四月十九日に最高裁判所は高等裁判所の判決を確認した。実際の出来事に関する証拠、目撃者たちの証言、銃と弾薬を被告人マヌ・シャルマと結びつける証拠、そして事件後の行動が疑う余地なく彼の有罪を証明していた。

かなり自由な既決囚

シダルタ・ヴァシシュト、別名マヌ・シャルマは悪い理由で彼に注意を引きつけた。マヌ・シャルマは二〇〇六年の有罪判決以後、しばしば刑務所の外の世界の喜びを味わっている。デリーの警察本部長の息子と喧嘩をし、家族のさまざまな儀式に参加し、ナイトクラブにまで行くことがある。彼は有罪が決定した後でも、おそらく父親が有力なコネのある高い地位の政治家、四つのホテルと三つの製糖工場所有者の息子として彼が享受する金と力の結果だろうが、当局を無視し、混乱をもたらす行為の罪を犯した。マヌ・シャルマは家族のコネがあるために、そうあるべきである以上に頻繁に仮釈放を認められた。二〇〇九年九月二十四日に、家族のビジネスの面倒をみる、病気の母親の看病をする、祖母の葬式に出席するといった理由で、三十日間の仮釈放が認められた。誰も今さら驚くことではないが、マヌ・シャルマが心から葬式に出たいと願った祖母は、すでに二〇〇八年に亡くなっていたことが明らかになって、また論争の的になった。母親が病気だという理由も、チャンディーガル*で婦人達のクリケットの試合を主催するほど元気な母親の姿が目撃されて、嘘だったことがわかった。こうした事が暴露されても、シャルマの仮釈放はさらに三十日間延期され、デリーのディスコで浮かれ騒ぐ彼の姿が目撃された。シャルマの仮出所条件違反について非難が起り、仮釈放期限が切れる二週間前に刑務所当局に降伏しなければならなかった。マヌ・シャルマは自責の念も、後悔する素振りもなく、その結果、裁判所はその後の仮釈放の間、彼の行動を制限する意識的な努力をし、必ず規則に忠実に従うよう取り決めをした。

＊訳注　インド北部ニューデリー北方にある都市。連邦直轄領で、隣接するパンジャーブ州とハリヤーナー州の州都を兼ねる。一九五二年から計画都市として建設。インド政府は設計をフランスの著名な建築家ル・コルビュジエに依頼した。

マヌ・シャルマは刑務所にいる間に、大学院で人権法についての学位、法律の学士号を含む多くの教育関係の学位を取得した。言うまでもないことだが、試験を受けるために仮釈放が認められた。最も最近では二〇一五年四月にマヌ・シャルマはチャンディーガルで自分自身の結婚式に出席するため、仮釈放でなく、法的許可を必要とする一時出所で自由にされた。

インドの貧しい人達の多くが法律を金持や影響力のある人のための単なる手段だと考えるほど、刑事司法制度は慢性的えこひいきで質が落ちている。有名な法律違反者達が無罪放免される。何千人もの一般の入所者が保釈してもらうために何年も待っているが、最近、サルマン・カーン*は、事件についてムンバイで有罪判決を下されて、ほんの数時間後に保釈を得た。このような状況で、プリヤダルシニ・マトゥとジェシカ・ラルの事件はすべての人にとり正義の闇を照らす光となる。

*訳注　インドの映画俳優。八十作以上のボリウッド映画に出演、フィルムフェア賞など多くの賞を受賞。二〇〇二年のひき逃げ事件では二〇一五年に有罪判決。

世論を形成する上でマスコミ機関の役割は非常に重要である。ニュース雑誌「テヘルカ」や民放テレビNDTVのようなマスコミの役割がなければサントシュ・シンやマヌ・シャルマの事件ですばやく正義をもたらせなかっただろう。両方の事件で、問題がエスカレートし、広範囲なマ

After 148 hrs, Salman walks free

Gets Bail On Personal Bond Of Rs 1 Lakh And 2 Sureties Of Rs 50,000 Each

TIMES NEWS NETWORK

Jodhpur: Around 6 pm on Friday, Salman Khan stepped out of Jodhpur Central Jail and walked into freedom. Dressed in blue jeans and white shirt with sleeves rolled up, sporting a black and grey cap with a bag slung over his shoulder, the relaxed Bollywood star waved to his fans waiting to catch his glimpse outside the prison. In jail since Saturday afternoon, he had spent 148 hours behind bars.

Sentenced to five years for poaching a chinkara, the Bollywood star was granted bail by the Rajasthan High Court's Justice H R Panwar who ordered his release on the condition of furnishing a personal bond of Rs 1 lakh and two surety bonds of Rs 50,000 each.

Salman's brother and sister — Sohail Khan and Alvira — greeted each other in the packed courtroom after the judge gave the bail order and then came out to inform their parents over telephone. The sentence will remain suspended till the order on the star's revision petition is pronounced. Salman has been asked to appear before the court on October 24.

After he came out of the jail premises, the Bollywood beefcake was immediately whisked away by his entourage to his hotel where he was united with girlfriend Katrina Kaif and family. Shortly they left for airport; Salman by then had changed into a body-hugging white T-Shirt.

The Salman clan then flew to Mumbai in a chartered plane. The star's lawyers completed the formalities for the actor's release within a few hours of the bail order. The judge pronounced the order after hearing arguments for three hours on his revision petition along with the bail application. Salman's case was argued by Supreme Court lawyer Udai Lalit, Mumbai-based advocate Dipesh Mehta and local lawyer H M Saraswat while additional advocate general Kanti Lal Thakur responded to the arguments.

► Related report, P 19

Reuters

BACK TO WORK: Salman Khan walks out of jail in Jodhpur on Friday

Lathicharge outside actor's hom

TIMES NEWS NETWORK

Mumbai: There w
screaming, lathicharge a
false alarms as convicted a
tor Salman Khan return
home on Friday evenir
There was pandemoniu
when the actor arriv
shortly before 10 pm a
soon after obliged his fa
with an appearance on t
first-floor balcony of h
home in Galaxy Apa
ments, Bandra.

Shouts of "Salma
Salman" erupted from t
300-strong crowd out on t
street. The atmosphere o
side Salman's home rese
bled a carnival.

Members of the crov
expressed happiness that t
Rajasthan High Court h
granted him bail.

Several members of t
boisterous crowd were se
climbing to the first flo
and attempting to ent
Salman's home, but th
were fended off by the a
tor's security entoura
Fans who had brought bo
quets along had them se
up to the first floor.

When Salman appear
on the first-floor balcony,
niting uproarious scenes
the street, his fans plead
for him to take off his sh
and display some of Bol
wood's more famous pe
He didn't oblige.

Salman's family w
comed him with Mughl
biryani specially cooked f
the occasion. Howev
unlike the day he left f
jail, Bollywood celebriti
were conspicuous
their absence.

保釈されたボリウッド映画スターのサルマン・カーン（『タイムズ・オブ・インディア』紙、2007年9月1日。訳者提供）

スコミ報道、憶測、その結果生じた社会の騒動が起って初めて、どの裁判所も本気になった。そうでなければ、裁判がどれくらい長引いたか十分に想像できる。そのためにも被告人の放免をくつがえせる強固な司法制度が必要である。事件に関係する警察官達の調査段階での失敗や全般的な無能力は、刑事裁判制度のもう一つの落とし穴になっている。プリヤダルシニ・マトゥとジェシカ・ラルの二つの事件で、主要な警察官達が調査の重要な段階で大失態をした。目撃者の証言の記録や証拠を収集したものであっても、警察は提供が出来なかった。プリヤダルシニ・マトゥが死亡した日に殺害現場近くで殺人者を目撃している家の使用人を捜すのを、どの警察官も拒否した事件からでもこれは十分に証明された。欠陥のある無能な取り調べのために犯罪の有罪判決がいつも少ない。駆引きは、裁判が始まる前にもう終っている。

第6章　ナナヴァティ海軍司令官事件――インドで最後の陪審裁判

「ボストン・リーガル」[*]や『ザ・プラクティス　〜　ボストン弁護士ファイル』[**]のような西洋の法律に関するテレビドラマのインド人視聴者は、普通の市民が陪審席に座り、検察当局や被告側弁護人が発するすべての言葉を注意深く聞き、結局は総意に基づく評決を伝える陪審裁判についてしばしば不思議に思ったかもしれない。必ず持つ疑問は、なぜアメリカの制度は陪審員団[***]によって裁判が行われるのに、インドの制度はそうでないのか、である。その答えはK・M・ナナヴァティ[***]の事件とその結果に見出せる。なぜナナヴァティは陪審裁判で罪を免れることができたのだろうか。一般の人々の心情、道徳、同情か、何か他の要素が強く影響したのだろうか。

＊訳注　アメリカのＡＢＣテレビ法廷ドラマで二〇〇四―二〇〇八年まで放映。
＊＊訳注　アメリカのＡＢＣで一九九七―二〇〇四年まで放送のテレビドラマシリーズ。

＊＊＊訳注　英米の裁判では民間から選ばれた六―十二名の陪審員で構成され、刑事・民事事件の審理に立ち会って事実認定を行い、有罪か無罪かの評決を、裁判長に答申する機関。
＊＊＊＊訳注　一九二五―二〇〇三年。

ボリウッド映画のような事件に入る前に、数世紀に渡る陪審裁判の起源と実体の変化を簡単に見てみよう。

陪審裁判の歴史

最初に陪審による裁判を開いた人達が誰なのかはっきり答えるのは難しい。可能性としてはアングロサクソン人*か、ノルマン人**のどちらかだろう。しかし、現在の陪審制度は、明らかに、在位一一五四―八九年の英国王ヘンリー二世の法律改革に大部分は由来している。

＊訳注　今日の英国人の主な祖先で、五、六世紀に英国に移住した、アングル人、ジュート人、サクソン人のゲルマン系の三つの部族の総称。
＊＊訳注　スカンディナヴィア、バルト海沿岸地域に原住した北方系ゲルマン人で、八世紀以降バイキングと呼ばれ恐れられた。

十七〜十八世紀に「日の沈むことがない」規模になった大英帝国*の領土拡張で、世界の異なる地域へイギリス文化が広がった。植民地もしだいに陪審裁判を含む裁判を行い、争いの解決に英国のやり方を用いた。アメリカにやって来た新しい社会の住民達は特に陪審制度を好むようになった。トマス・ジェファソン**は、陪審員団による裁判を「政府がその憲法の原則を固守できる人間が想像力を働かしたただ一つの頼みの綱」だと評した。

*訳注　英国とその植民地、保護領、属領、信託統治領を含み英国国王を元首とする。大植民地国家時代の英国および英連邦の俗称。

**訳注　アメリカ独立宣言の起草者。アメリカ合衆国第三代大統領〔在任一八〇一—〇九〕。

インドの場合、十九世紀中頃までにインド亜大陸の英国支配はほぼ絶対的だった。その結果、陪審裁判はインドの法制度で普通の特徴になり、一八六一年刑事訴訟法の第二十三章に組み込まれた。この訴訟法は破棄され、一九七三年刑事訴訟法と呼ばれる新しい訴訟法が制定された。

ナナヴァティ海軍司令官対マハーラーシュトラ州

事件は、叙勲されたパルシー教徒*の海軍士官、美人の妻、名うてのプレイボーイで実業家、そして、不倫の情事と、インドのボリウッド映画の特徴をすべて兼ね備えていた（そのように変えられた）。メディアがこの裁判に夢中になり、弁護士だけでなく、被告人、証人、全部の重要な関係者達が誰もが知っている人物になった。インド独立後、このような事件はおそらく初めてだった。アルシ殺人事件**について絶え間のないマスコミ報道と共に成長した二〇〇〇年世代***は、六十年前でも、好色な殺人事件に対する社会の欲求があまり変わらないのを知っても驚かないだろう。今日との大きな違いは、新聞・雑誌などの活字メディアが果たしていた役割がテレビに取って代わられたことだろう。ボンベイの一流の人々を巻き込むセンセーショナルな「一時の激情に駆られての犯罪」、りっぱな勲章を授けられた海軍士官が一九五九年に妻の愛人を撃ったナナヴァティ事件は、ボンベイ市の歴史に永久に記録を残すことになった。前代未聞のマスコミの注目度と被告人に多くの味方がついたこの事件は、インドで陪審裁判が行われた最後の事件として法律の歴史においても大変に重要である。

*訳注〔ペルシァ人の意〕八世紀―十世紀、イスラム教徒にペルシァから追われ、インドのグジャラート地方やシンド地方、ボンベイ〔ムンバイ〕付近に移り住んだゾロアスター教徒。商工業の分野で活躍。鳥葬で有名。

**訳注　第4章の訳注参照。

***訳注　一九八一年以降に生れ、二十世紀末に成年に達する世代。

カワス・マネクショー・ナナヴァティはインド海軍の司令官だった。彼が巡洋艦「インス（INS）マイソール」のまだ副司令官だった一九四九年に、シルヴィアという名の英国人女性と結婚し、二人の息子と一人の娘をもうけた。海軍の仕事でインドのさまざまな場所に家族と引っ越しをしたが、最終的に一九五〇年代初頭にボンベイに定住した。この頃、シルヴィアとナナヴァティは、ボンベイで自動車ビジネスの経営者で、カラチ*からの移住者プレム・バグワンダス・アフジャに出会った。プレム・アフジャはボンベイの社交界で有名で、陸軍・海軍・空軍の将校の妻達との情事で悪評が高かった。

＊訳注　パキスタン南部の港市。同国の旧首都。

ナナヴァティは仕事の性質上、長い期間、家族のもとを離れることが要求された。一九五七年頃のある日に、シルヴィア・ナナヴァティとプレム・アフジャが友達になり、やがて親密な仲になった。ナナヴァティは一九五九年四月に家に帰ると妻がよそよそしいのに気がついた。事情を尋ねると、不倫を告白した。ナナヴァティは動揺し、激怒した。絶望を感じ、自殺したいと口に出した。妻は「過ぎてしまったことだから忘れよう」と自殺を考えないように懇願した。その日、昼食後にナナヴァティは昼興行の映画を見にメトロ・シネマに妻と子供達を車で連れて行った。彼はこれから自分が何をしようとしているのか家族には素振りにも見せなかった。家族を映画館前で降ろし、ボンベイ港に停泊していた彼の巡洋艦まで車を走らせた。艦長にアーメドナガルまで車で行くと告げ、安全のためにリボルバー六発の発射許可を求めた。封筒に拳銃を入れてペダー・ロードのアフジャが所有するユニバーサル・モーターズのショールームまで車を飛ばした。そこにアフジャがいなかったので、ナナヴァティはマラバル・ヒル近くのセタルヴァド・レーンにあるプレム・アフジャが妹のメイミーと暮らしていたジーヴァン・ジョティ・アパートメンツに向った。

ナナヴァティはお手伝いに三階の部屋に案内された。彼がアフジャの寝室に入ると、風呂から出てきたばかりだった。次に起った事は法廷での論争の重要な点だった。弁護側はナナヴァティがリボルバーを入れた封筒をテーブルに置いたと主張した。ナナヴァティはアフジャが彼の妻と結婚し、子供の責任を引き受けてくれるかどうか知りたかった。これに対してアフジャは、「私は寝る全部の女と結婚するのか」と答えたと言われる。アフジャはそのとき拳銃を見つけて、そちらの方に移動した。ナナヴァティもその方に動き、すぐにつかみ合いになり、銃が三発発射され、アフジャが殺害された。

検察側は、ナナヴァティがアフジャを殺すつもりで彼の住居に行き、着くとすぐに冷血にアフジャを三度も撃ったと主張した。

その後、タオルを巻いて寝室の床に大の字に倒れている兄を見て半狂乱になっている妹メイミーに何も言わないで、ナナヴァティはその場を去った。それから、拳銃から弾丸を抜き、西部海軍司令部の法務将校サミュエル中佐のところにまっすぐ向い、起った事を打明け、助言されて、近くのガムデヴィ警察署に出頭した。

ナナヴァティは、自首の後、インド刑法の第三〇二条と第三〇四条の下で裁判にかけられた。第三〇二条では殺人容疑で裁かれ、死刑か、終身刑の処罰に値することになる。第三〇四条の下では、「かっとなって」行った行為を意味する過失殺人で告発され、最大で十年の刑罰が下される可能性もあり、あるいは無罪判決の可能性もあった。裁判官のジレンマは、殺人が一時的な激情にかられた衝動的な行為、過失殺人か、前もって計画した殺人かであった。

事件は一九五九年五月にボンベイ治安判事裁判所に告訴された。ナナヴァティは無罪を申し立てた。カール・カンダラヴァラ、ラジニ・パテルとS・R・ヴァキルからなるナナヴァティの弁護団は意図的でない殺人だと主張した。他方で弁護士ラム・ジェトマラニの助言を得てチャンドゥ・トリヴェディが起訴し、事件は前もって計画された殺人だと主張した。治安判事裁判所で裁判官ラティラル・メータが先頭に立ち、九人からなる国際的視野を持った陪審員が就任した。

その間、法廷の外では『ブリッツ』という週刊タブロイド紙の編集長ルッシ・カランジア*がこの事件を直ちに彼の新聞に取り上げ、最大の紙面で掲載した。カランジアは仲間のパルシー教徒ナナヴァティをブルジョアの非道徳的な人間に対して反撃した高潔で立派な中産階級の紳士だと述べた。カランジアは、ナナヴァティについて最も良い印象を与えることに成功した。この事件の話はボンベイ社会のあらゆる階層の人々に喜んで受け入れられ、『ブリッツ』は売上を伸ばした。他の商魂たくましい人達はアフジャのタオルやナナヴァティのオモチャの拳銃のようなものまで生産して商売した。

＊訳注　彼は一九四一年にインドで初めての週刊タブロイド新聞を発行、一九九〇年代半ば、彼が亡くなる数年前に『ブリッツ』は出版中止になった。

みんなの意識の中で、事件は名誉殺人＊のように思われるようになった。ナナヴァティとアフジャの個人的反感が、被告人と犠牲者がそれぞれ属するパルシー教徒とシンド族＊＊の両方の社会を急速に巻き込んだ。主に『ブリッツ』が扇情的に報道したため、パルシー教徒の社会は、他の一般の人々と同じように、ナナヴァティを名誉と夫婦の貞節のために戦う英雄として熱烈に支持した。ナナヴァティの妻のシルヴィアは不倫をしたにもかかわらず、常に夫の味方をした。裁判にも毎回出席し、ナナヴァティに有利になるよう証言した。シルヴィアは貞節の結婚の誓いを破り、名誉あるりっぱな男性に不誠実を働いた罪の意識から、白いサリー＊＊＊に身を包み、法廷でつつましやかだった。

＊訳注　親が決めた相手との結婚を拒否するとか、夫以外の男性と恋愛した女性やその相手の男性が「名誉を汚した」と家族や部族の名誉を守るために家族や部族の長老の決定で殺される私的制裁。詳しくは拙訳書『インドの社会と名誉殺人』〔柘植書房新社〕参照。

＊＊訳注　パキスタン、インダス川下流シンド地方の住民。パキスタンにいるシンド族は主にイスラム教

徒、パキスタンがインドから独立した一九四七年にインドに移住したシンド族は主にヒンドゥー教徒。
＊＊＊訳注　インドでは寡婦が白色のサリーを着る伝統があった。現在も白を着なくても控えめな色を身につける。

慣行のように、検察官C・M・トリヴェディによって裁判が開かれた。みんなが驚いたことに、彼は百八十度方向転換で、事件は有責の殺人行為であるが、計画的な故意の殺人ではないと論じた。メイミー・アフジャを励まし、勝ち取れる事件になるように起訴者側をチームとなって助けていた彼女の弁護士ラム・ジェトマラニはこの突然の方向転換に衝撃を受けた。彼は怒って起訴者側のチームを去ると決めた。しかし、検察官C・M・トリヴェディは自分のミスに気がつき、チームにとどまるようラム・ジェトマラニを説得した。両側の主張が終った長い裁判の後、陪審員団が審議を始めた。同時にボンベイ市の市民までが審理を始めた。マスコミが精力的に報道をしたおかげで、裁判は事実上、全市民の前で続いたようなもので、みんながナナヴァティに降りかかる運命について自分達の意見を持っていた。

裁判官の役割は法律の問題を決めることに制限されていたが、陪審員は事実を解釈して、ナナヴァティに押しつけられた殺人の告発に有罪か無罪か評決を下すことになっていた。しかし、事件についてのマスコミの大騒ぎで国中の人々の意見が対立していた。一般の人々が強い関心を持ち、訴訟のすべての成り行き、治安判事裁判所の外での多数の人の集まりを見ようと、職場から休暇を取るほどだった。この事件には大衆からの圧力もあり、強い興味を持たれていたので、陪審員は事実とフィクションを決めかねていた。

全員がパルシー教徒から成る陪審員は、八対一で被告人に無罪を評決した。シルヴィアが夫ナナヴァティに不倫を告白してから殺害の時間、銃弾発射の時間との間に、三時間経過があることや、もみあいが報告されているが、犠牲者の遺体にはシャワーから出てきた時と同じようにタオルが巻かれていた事など、検察が有罪を示す証拠があっての評決だった。これは裁判官と陪審員の考え方の不一致を示していた。陪審員が被告人に対するメディアが引き起した同情に左右されたと疑い、治安判事裁判所ラティラル・メータ裁判官は陪審員による証拠があっての評決だと考えた。彼は今回の事件は誰であっても提供された証拠に基づいた評決ができなかっただろうと考え、事件をボンベイ高等裁判所に委ねた。

だが、評決が「証拠があっての」を証明するのは、「言うは易《やす》く行うは難《かた》し」だった。高等裁判所は一般的に言及した事柄を認めるのに大変に慎重である。ボンベイ高等裁判所で、裁判は後にインド史上最長の首席裁判官になったY・V・チャンドラチャド*に率いられた。彼は「証拠に逆らった」評決を証明する複雑で難しい道に沿って法廷が進むのを避けるために、裁判官が陪審員に誤った説示を与えたと、それを証明する手段を取った。一九五九年冬に事件を委ねられたボンベイ高等裁判所は、前もって計画された殺人か過失殺人かの問題を再び問うた。

＊訳注　〔一九二〇―二〇〇八〕一九七八年から一九八五年に引退する日までインドの第十六代司法長官。一九七二年にインド最高裁判所の判事に任命され、七年四カ月とインド史上最長の裁判長を務めた。司法長官在任中にインディラ・ガンディー首相の次男サンジャイ・ガンディーを刑務所に送った事があった。

ボンベイ高等裁判所は陪審員の評決を退け、ナナヴァティを有罪と判決した。

ナナヴァティは最高裁判所に上訴し、高等裁判所が一八六一年刑事訴訟法の第三〇七条で裁判官が陪審員に誤った説示を与えたという理由で陪審員の評決を無効にする権限を与えられてはいないと主張した。最高裁判所はこれに同意しなかった。最高裁判所は、第三〇七条の歴史的背景を検討し、陪審員の誤った情報による評決に対して保護する上訴で、高等裁判所に口出しをする広範囲な力が定められていると述べた。

最高裁判所は事件で考慮しなければならない点の一つは、突然の危険な挑発の中身だと論じた。普通の人に良識や信念を全部失わせ、激怒し、刺激されて激情が爆発したもので、前もって考えたものでない犯罪であれば挑発とみなす。

最高裁判所で、「突然の危険な挑発」と見なす基準は、被告人と同じ社会階層に属する理性のある人が、被告人と同じ立場に置かれると、自制心を失うほど刺激されるかどうかである。

● インドではある状況下で、言葉や身振りでもインド刑法第三〇〇条の第一の例外に至らせる由々しい、突然の挑発を被告人に引き起す可能性がある。

● 犠牲者の前の行為によって作り出された精神的状況は、罪を犯す危険をはらんだ突然の挑発になったかどうか考慮される。

● 致命的な打撃は、その挑発から起る激情の爆発までを明らかにする必要がある。時の経過、故意、打算の余地を与え、激情が収まった後であってはならない。被告人は検察当局が有罪を立証するまで法律上は罪を犯していないとみなされる。しかし被告人が、インド刑法の「一般例外」、または特別例外、あるいは、インド証拠法（一八七二年）第一〇五条、犯罪を定義する法律に含まれる特別例外に頼る時、被告人には不利な推定が生じるので、その推定が誤りだと論証する負担を負わされることになる。

最高裁判所は、治安判事裁判所の陪審員団が無罪の評決をしたが、現事件のような告訴で素人の陪審員が弁護の正確な範囲や事件となった状況を理解できないと判決した。最高裁判所は、K・M・ナナヴァティが妻の不倫を知ってから、六発発射のリボルバーを手に入れるために巡洋艦まで車を走らせ、その間に三時間以上経過していた事に注目した。この事件はナナヴァティが計画し、前もって熟慮した殺人だと最高裁判所は考え、彼に終身刑の有罪判決を下した。最高裁判所はボンベイ高等裁判所の判決を是認する形になった。

インド政府は、最高裁判所の判断を考慮し一九七三年に訴訟法を修正し、一九六〇年のインドの陪審員制度を廃止するという重大な決定をした。

判決はルッシ・カランジアの週刊タブロイド紙『ブリッツ』の痛烈な非難にあおられ、社会全体に大騒ぎを巻き起した。

この事件は、社会が大変な関心を持っただけでなかった。政治的にも強く保護された事で印象的だった。最高裁判所が最終的に終身刑の判決を下す前に、当時の首相ジャワハルラール・ネルー*が仲裁に入り、判決の一時的停止を勧告した。それに応じて、当時のボンベイ州知事シュリ・プラサカ**は判決の一時的停止を命じ、ナナヴァティを海軍の監督の下におく決定をした。これは、ネルー&ガンディーの仲間に忠実であったナナヴァティに有利になるように違法に政治的影響力を使ったと容易に見て取れた。

*訳注　インド国民会議派のマハトマ・ガンディーの指導のもとに独立運動を展開。四七年独立に成功、インド共和国初代首相〔一九四七—六四〕になり、以後没するまで首相の地位にあった。インディラ・ガンディー首相の父。

**訳注〔一八九〇—一九七一年〕インドの政治家・独立運動家。一九九一年のインドの切手にも肖像画が取り上げられている。

つまり、ナナヴァティを支援する二つのグループがあった。彼は被害者であり、犠牲者だと考える一般の人々と、彼を多大に支持したインド海軍とボンベイ・パルシー教徒パンチャーヤト*であった。一つの例では、コワスジ・ジァハンギール・ホール**で行われた集会でボンベイの新知事***の決定を支持するために八五〇〇人の人々が集まった。

*訳注　村会。語源的には五〔パンチ〕人から成っていたことが推測されるが、実際には人数は定まっていなかった。

**訳注　現在この中にムンバイ国立現代美術館がある。

***訳注　ネルーの妹ヴィジャヤ・ラクシュミ・パンディット。

この事件はシンド族共同体出身でインド独立のために闘ったバイ・プラタップ*の事件にも影響を与えた。バイ・プラタップはスポーツ用品ビジネスの輸入許可証の悪用で告発され、B・B・ペイマスターとR・L・ダラルという二人の役人に綿密に調査されることになった。二人のうちペイマスターはパルシー教徒だった。潔白とわかったにもかかわらず、バイ・プラタップの無罪判決の見込みは、ナナヴァティが引き起したシンド族共同体とパルシー教徒共同体の間のとげとげしさで、台無しにされるのではないかと思われた。これを解決するために、ナナヴァティ事件の告発者であり被害者の妹メイミー・アフジャの相談役をしていたラム・ジェトマラニは、ナナヴァティの弁護士ラジニ・パテルと妻シルヴィア・ナナヴァティと相談して、ナナヴァティに文書にした恩赦を認めるようにメイミー・アフジャを説得した。努力の末、メイミーは最終的に応じた。一九六二年に、その時までに三年間刑務所に入っていたバイ・プラタップとカワス・マネクショー・ナナヴァティの二人がボンベイの新知事ヴィジャヤ・ラクシュミ・パンディットに恩赦を与えられた。

＊訳注　成功した実業家であるだけでなく、シンド共同体、シンド語、シンド族の文化を守ろうとシンド遺産の救世主とも言われる。

ナナヴァティは釈放後間もなく妻や子供達とカナダに移住した。二〇〇三年に他界するまで、事件について公に話すことはなく、メディアに登場することもなかった。

副作用

ナナヴァティの刑事事件の法律的結果は、インドで陪審裁判が静かに葬り去られ、法律書から取除かれたことだった。いずれにせよ、陪審裁判は少数の例外を除き、重大な刑事事件に限られていた。廃止論者の主張は、陪審員による裁判が憲法で規定された権利であるオーストラリアやアメリカのようにインドで陪審裁判が刑事司法制度の重要な構成要素であるなら、憲法改正会議がインドでもそれに同じ高い地位を与えていただろうということだ。その状況ではなかったし、ナナヴァティ事件の経験が制度の欠点を示していたため、陪審裁判は改定された一九七三年刑事訴訟法から除外された。同じ頃に、南アフリカ、パキスタン、シンガポールのようなコモンウェルス*の国からも、陪審裁判は、それぞれの国の特別な理由で廃止された。

*訳注　旧イギリス領植民地からなる「イギリス連邦」をさす。

アメリカの陪審裁判

陪審裁判はインドで廃止されてしまったかもしれないが、イギリスを含む世界中の多くの国々でまだ普及している。一番広く行き渡っている国がアメリカで、陪審裁判は民事・刑事事件の両方で普通である。ある意味で陪審員による裁判は、アメリカ人の意識の一部になっていて、アメリカの法制度をよく明らかにしている。法の原則で統治されている社会で、司法制度は何にもまして重要である。効果的に運営されるためには、司法制度はできるだけ先入観や偏見から自由でなければならない。しかし、法律で考えられる正義が、一般の人々の倫理性と合わないときが僅かではある。次の例はこれをはっきり示している。

O・J・シンプソン殺人裁判

O・J・シンプソン殺人裁判はおそらく二十世紀で過去十年に起った最も人々が注目した事件の一つで、アメリカの歴史で一番報道された刑事裁判だった。アフリカ系アメリカ人で、米ナショナル・フットボール・リーグの元スター選手だったシンプソンは、白人の前妻ニコール・ブラウン・シンプソンと白人のレストランウェイターのロン・ゴールドマンの殺害で裁判にかけられた。この事件は、再び人種の問題とそれが司法制度に与える影響を顕著にした。シンプソンは彼に不利な確かな証拠があったにもかかわらず、主として黒人の陪審員が無罪を宣告した。後の調査で、無罪の評決に達した陪審員達は実際の証拠より、人種の問題に左右されたと言われた。

この裁判は二つの重要な事実を目立たせた。第一に、陪審裁判では多数の人々が同じ状況を考察し、彼らのさまざまな経験に頼り、最終的な結論に達するために、各方向から事件を見るよい機会を提供することである。第二に、裁判官とちがって、陪審員は彼らの取り組みに客観的である訓練を受けておらず、そのため、徳性といったような法の枠を超えた理由に左右されがちである。

同じく、ナナヴァティの事件でも、陪審員が道徳のような法律外の理由や、ルッシ・カランジアの週刊タブロイド紙『ブリッツ』に刺激された集団ヒステリーに強い影響を受け、無罪の評決をしたと言われた。

パルシー教徒の結婚裁判所

インドで属人法《ぞくじんほう》*は、主として宗教的共同体の領域であり、政府の干渉をほとんど受けない。インドでも一律の民法を制定する要求が各方面からあるが、まだ実現はこれからだ。この状況で、J・R・D・タタ**、ホミ・K・ババ***、サム・マネクショー****、ナニ・パルヒヴァラ*****などインドで傑出した人物を出すパルシー教徒共同体は、陪審裁判で彼らの結婚問題を裁定し続けている。結婚の言い争いを解決するために陪審裁判を行う制度は、パルシー教徒の共同体に特有であり、過去が現在に生き残り続けている良い例である。この百五十年の古い伝統の中で、二十人のパルシー教徒の陪審員から選ばれた五人の陪審員が共同体のメンバー達の結婚上の争いに決着をつける。二十人の陪審員は十年間、共同体の会議で推薦され、普通は退職者から成り立っている。

*訳注　人の能力や家族関係について、人がいかなる場所にあっても適用される法律。国際私法上の概念。
**訳注　〔一九〇四―一九九三〕インドの実業家。インドの財閥の一つであるタタ・グループ創設者。
***訳注　〔一九四九―〕インドの英語学者。ハーヴァード大学マヒンドラ人文科学センター長。現代の植民地後研究の中で最も重要な人物の一人。

＊＊＊＊訳注　〔一九一四―二〇〇八〕元帥。軍人としてインドのために貢献した。

＊＊＊＊＊訳注　〔一九二〇―二〇〇二〕インドの法学者＆経済学者。二〇〇四年の切手に登場。

陪審員を構成する五人のメンバーは、裁判長がくじを引いて選出されるが、中立人や被告側の代理として出廷する弁護士達は、利害の衝突を避けるために、特定の陪審員を拒否できる。独特の文化や歴史が伝わるパルシー教徒共同体は、この長く続いている伝統を維持しているが、批判を招かない訳ではない。このような裁判は、刑法に対応しないが、インドの歴史の遠い昔の時代を表し続けている。

結論

マニ教＊の言葉―黒と白、善と悪―で世界を見たいが、それはできない。複雑な人生は、二者択一の見方ができない状況がよく起る。ナナヴァティの事件はそうした事件である。O・J・シンプソンの事件のように、ナナヴァティの事件の陪審員は彼に同情し、彼の行動を正当化し無罪にした。

＊訳注　三世紀中頃にペルシァ〔イラン〕人マニが始めた宗教。十三世紀に消滅。東西両世界を文化的

宗教的に結び付けた功績は大きい。善は光明、悪は暗黒という倫理的二元論が教理の根本をなす。

私達の法に基づく社会は、一方を選ぶ必要がある。偉大な愛国者であり、妻の不貞で欺かれた夫であるナナヴァティの側か、ナナヴァティに彼の妻と関係を持ったばかりに無情に殺害されてしまったプレイボーイ、アフジャの側かである。事件を評決する陪審員達はナナヴァティの側についた。純粋に法の試金石である高等裁判所はナナヴァティを有罪にした。しかし、法律の領域を越えて道徳性がある。ナナヴァティが彼の結婚と家庭を壊した男を殺すのは道徳的に正しかったのだろうか。一般の人々はナナヴァティが被害を与えられたと感じ、陪審達も同じだったが、法律は異なっていた。

第7章　ニタリ村の殺人者

犯罪はだいたい犯罪者と結びつけて考えられるが、犯罪と起った場所が有名になる事件がたまにある。ニタリはウッタル・プラデーシュ州の都市ノイダの小さな村で、あまり知られた村ではなかったが、二〇〇四年から二〇〇六年の間に子供が数人、そのあたりで行方不明になり一躍有名になった。村の人達は、これを警察に何回も訴えたが無駄だった。ノイダ警察は黙って傍観しているにすぎなかった。警察は事件を記録したくないようで、行方不明の子供についての報告を、恋人と駆落ちした、で処理した。

二〇〇六年十二月二十六日、ニタリ村の二人の住民が過去二年間に行方不明になった子供達の遺体を見つけたと言って、住民福祉協会*（ＲＷＡ）の前会長Ｓ・Ｃ・ミシュラに助けを求めた。Ｄブロックの排水溝、Ｄ—五番地の家の真後ろの排水溝を探していて腐敗した片手が見つかった。警察が到着するまでに地元の住民達が排水溝で三つの遺骨の部分を見つけていた。

＊訳注　特にインドの都市において、特定の都市、または郊外の地域の住民の利益を表すＮＧＯ。

これは「ニタリ村連続殺人事件」として有名になり、国中で大騒ぎになった。

さらに多くの腐敗した遺体が掘り出され、過去二年間に行方不明になっていた子供達だと確認された。全部で十九の頭蓋骨があり、そのうちの十六は無傷で、三つは損傷していた。検死報告書では犠牲者の十一人が少女、もしくは女性だった。ノイダ政府病院の医者達は、「畜殺者がしたような正確さ」で体が切断されていたと報告した。体は廃棄する前に三つの部分に切断されていた。被告人が犠牲者を絞殺してから頭部を切り、内臓はポリエチレンの袋に入れて共に家の裏の排水溝に投げ込んで捨てた。

二〇〇七年にＤ―五番地の居住者達が逮捕された。家の所有者モニンダー・シン・パンダーと家事使用人スレンドラ・コリだった。マスコミは事件に強い関心を持ち、自分達で二人を裁き、有罪だと宣告した。

マスコミは複数の説を唱えた。その一つは、この子供達は使用人コリが家の主人パンダーのために連れてきた売春婦だという説である。主人が飽きると、二人で一緒に子供を殺し、証拠を残さないように陰惨な方法で遺体を処分した。

二人の男が住居で国際的な児童ポルノの関連産業をしていたとするマスコミもいくつかあった。これは捜査チームが家からウェブカメラ*につないだノートパソコンと共に、好色本を押収した事と関係していた。警察は、パンダーが外国を訪問した時にヌードの子供や外国人と一緒に撮った彼の写真も何枚か見つけていた。

*訳注　インターネットで放映する動画を撮るためのカメラ。

だがもう一つの説は、臓器売買のために犠牲者を殺害したというものだ。一九九八年に似たような犯罪で医者が告訴され、同年に裁判所から無罪を言い渡されたが、そのために警察は近所に住む医者の家まで手入れした。臓器売買説についても、年長の弁護士ラム・ジェトマラニが最高裁判所に死刑に対する再調査嘆願中に調査した。その最高裁判所に私は政府のために出廷していた。ジェトマラニは依頼者に死刑を免れさせようとしたが失敗し、論拠は棄却された。

結局、身の毛のよだつ罪を犯したのは使用人スレンドラ・コリだと明かにされた。彼は二〇〇六年十二月二十九日に収監され、取調べ中に秘密をぶちまけた。家で数人の女性や子供を殺し、遺体を切り刻み、家の裏にある排水溝に投げ込んだと自白した。コリはこうした犯罪を自分の意思でやり、主人のパンダーは何もしていないと供述した。

中央捜査局が調査をしたが、パンダーが罪を犯した確かな証拠や証言者も見つからなかった。

一件の事件があった時には、パンダーはオーストラリアにいたと言われ、他の事件の時は、チャンディーガルにいたと思われた。中央捜査局は証拠がないためにパンダーを起訴できないと言って、事実上、彼に犯罪歴のない人物証明書を与えた。法律では警察の事件簿や終結報告書は最終決定でない。裁判所は異なる見解が持てる。この事件では、事実審裁判所が終結報告書に異議を唱え、パンダーに出廷を求めた。

この犯罪歴のない人物証明書自体に問題がなくもなかった。パンダーは事件前にD―五番の住居に多数の政治家が頻繁に訪れる影響力の大きい男だったと何度も言われている。彼は自分に不利な証拠を全部なくすためにかなりのコネを使ったという。この事をマスコミは証拠もないのに何度も主張してきた。事件は最高裁判所で未決であるので、こうした主張に私はコメントを控えたい。裁判所での事件の経過と、パンダーに有罪の判決が下され、その後、無罪が宣告された理由だけを知らせておきたい。

事実審裁判所で二人の被告人は殺人、レイプ、犯罪の陰謀、誘拐の罪に問われ、裁判された。犠牲者一人ひとりに犯した罪で多くの訴訟が起された。こうした訴えはさまざまな裁判所で未決のままである。リムパ・ハルダー事件がパンダーとコリの他の全部の事件を要約しているので、これに焦点を当てて後述する。

調査では、仕事を与えると口実をつけ、コリとパンダーは女性や子供を家に入れ、レイプし、窒息させた後、斧やナイフで殺害した。それから証拠を残さないように、遺体を小さく切って、D―五の家の裏にある排水溝に投げ込んだ。

二人は事実審裁判所で罪を否定した。間違って犯罪に関係があると濡れ衣を着せられたと訴え、無罪を主張した。

結局、事実審裁判所は、次の理由でスレンドラ・コリに有罪を宣告した。

一　二〇〇六年十二月二十九日に発見されたナイフ、チャパル*、財布、頭蓋骨、骨。

二　コリは家の外に立ち、仕事を紹介するという口実や、他の誘惑できるもので少女や子供を誘う習慣があった。

三　犠牲者の家族のDNAと頭蓋骨や骨のDNAの比較が、犠牲者と家族を割り出す助けになった。

四　コリによる遺体の切断手順のかなり正確な実証。

五　二〇〇七年一月十一日に発見されたもう一つ別のナイフ。

六　二〇〇七年一月八日に発見された斧。

七　スレンドラ・コリの自白は決定的に有罪を表していた。

*訳注　インドの革製サンダル。

以下は事実審裁判所の裁判官の前で真実を述べると誓ってスレンドラ・コリによる背筋が寒くなる供述の抜粋で、ヒンディー語から英語に翻訳したものである[*]」。

＊訳注　ここでは英語版から日本語に翻訳。

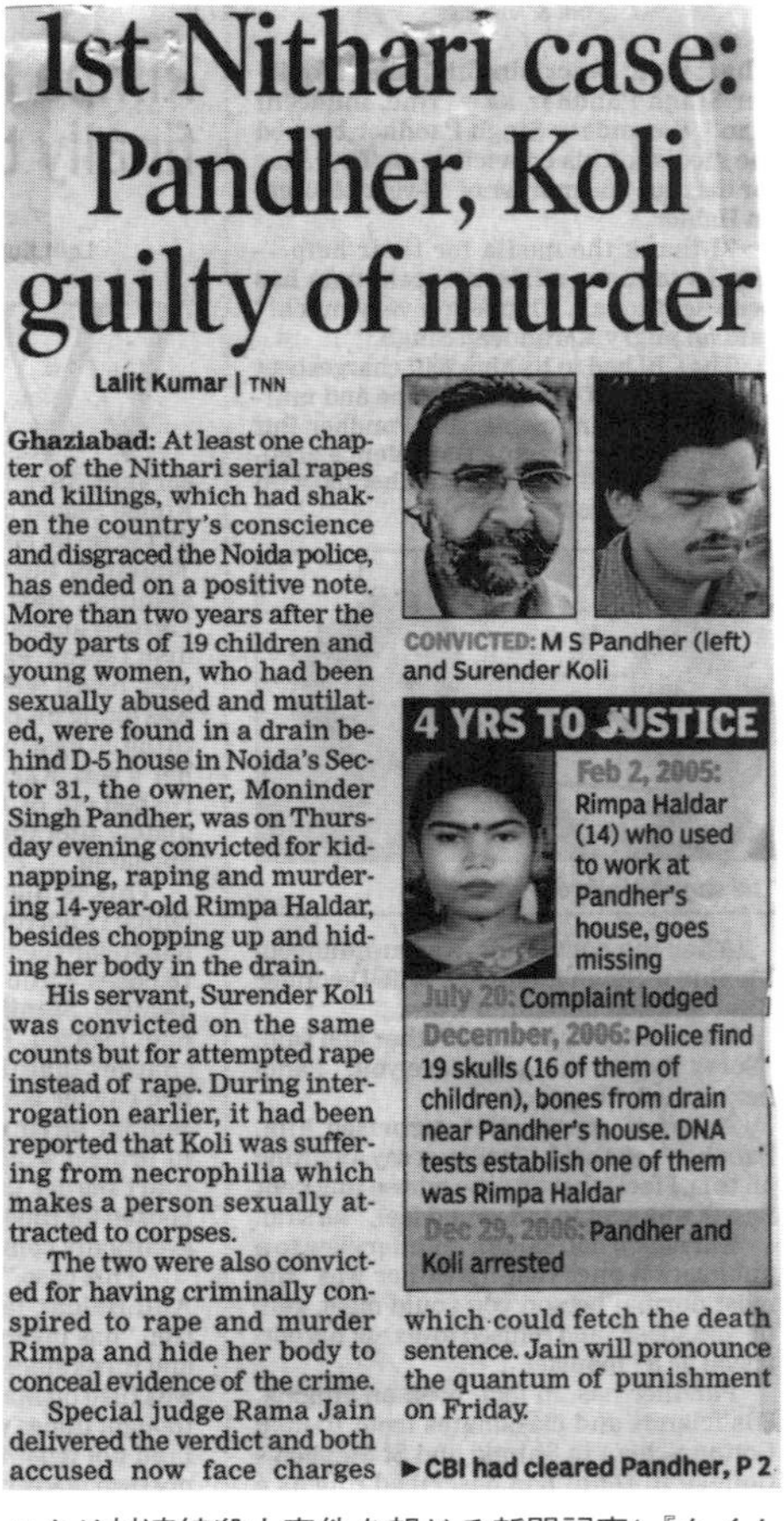

1st Nithari case: Pandher, Koli guilty of murder

Lalit Kumar | TNN

Ghaziabad: At least one chapter of the Nithari serial rapes and killings, which had shaken the country's conscience and disgraced the Noida police, has ended on a positive note. More than two years after the body parts of 19 children and young women, who had been sexually abused and mutilated, were found in a drain behind D-5 house in Noida's Sector 31, the owner, Moninder Singh Pandher, was on Thursday evening convicted for kidnapping, raping and murdering 14-year-old Rimpa Haldar, besides chopping up and hiding her body in the drain.

His servant, Surender Koli was convicted on the same counts but for attempted rape instead of rape. During interrogation earlier, it had been reported that Koli was suffering from necrophilia which makes a person sexually attracted to corpses.

The two were also convicted for having criminally conspired to rape and murder Rimpa and hide her body to conceal evidence of the crime.

Special judge Rama Jain delivered the verdict and both accused now face charges which could fetch the death sentence. Jain will pronounce the quantum of punishment on Friday.

CONVICTED: M S Pandher (left) and Surender Koli

4 YRS TO JUSTICE

Feb 2, 2005: Rimpa Haldar (14) who used to work at Pandher's house, goes missing

July 20: Complaint lodged

December, 2006: Police find 19 skulls (16 of them of children), bones from drain near Pandher's house. DNA tests establish one of them was Rimpa Haldar

Dec 29, 2006: Pandher and Koli arrested

► CBI had cleared Pandher, P 2

ニタリ村連続殺人事件を報じる新聞記事(『タイムズ・オブ・インディア』紙、2009年2月13日。訳者提供)

「オーケー。そうです。家の前の道を行けばニタリ村に着きます……住所は三十一地区D—五です。二〇〇四年七月からその家で働いています。仕事が終ると、門の所に立っていました。はっきり覚えていないけど、二〇〇五年だったと思います。そう、二〇〇五年の初め、一月か二月だったように思う。その時、家には私一人でした。女の子が三十地区からニタリ村の方に歩いていました。後で彼女の名前がリムパだと知りました。仕事の話で彼女を家に招きました。中に入ってくると、言いました……給料については奥様に話すからと……そう、彼女が家の中を見始めた時、彼女のチュニ*で、後ろから首を絞めると気を失いました。それから彼女とセックスをしようとした。しばらく試してみて、セックスができなかったので、チュニでもう一回首を絞めて殺した」

「オーケー、どうして彼女を殺したかって?」

「私には彼女を切って、食べなければならないというプレッシャーがありました。だから殺した後すぐに浴室に運びました。その時、誰かが家に来るとか、何かが起るとか、大騒ぎになるとか、何の恐怖も感じなかった。事実だけで、恐怖も何もなかったということです……それから彼女を二階の浴室に運びました。一階に行って、台所からナイフを取ってきて……彼女を切り、腕や胸を食べました」

「オーケー」

「そう、台所でそれを料理した……それだけを」

「それを台所で料理したって？」

「そう。夕方、どれくらい食べたかはっきりと覚えていません。夕方の四時から五時頃、十分に満足すると、彼女の履物や全部の物が居間にあるのに気がつきました。それまで気がつかなかった。酔っぱらっているみたいだった。私は酒を飲まないし、パーン[**]も噛まないし、シガレットやビーディ[***]、グッカ[****]も、まったくやらない。オーケー。誰かを切って、食べなければならないという気持が沸いてきたんです。それから、二〜三日後、口のどこかで夕方になると同じ女の子をたくさん食べたので、満足しました。二階の浴室に行くと、バラバラに切られた彼女の体がその場にあるのを見ました。切っている時、自分が何を彼女にしたか、はっきりわからなかった。後で怖くなり、ポリエチレンにくるみ、浴室に置いておき、夜に、全部を洗って、家の後にある誰も来ないバルコニーに彼女を置きました。バルコニーに投げ込みました」

＊訳注　ドゥパッタ。インド・南アジアで女性が頭や肩にかける長いスカーフ。
＊＊訳注　キンマの葉。ビンロウの果実をキンマの葉に包んだもの〔ガムのように噛む〕。
＊＊＊訳注　糸で縛った手巻きタバコ。
＊＊＊＊訳注　グチャ。噛むタバコの一種。

この自白を基に作られた供述書がコリの事件の大半を構成していた。事実審裁判所は彼を有罪と考え、死刑の判決を下した。

だが、パンダーに対する事件は、それほどうまく扱えないし、期待通りにならなかった。コリのような自白もなかった。事実審裁判所は状況証拠に基づき彼を有罪にした。発見された遺体の部分の数と、それから生じる悪臭は屠畜場と同じで、広範囲に臭いがすると考えられた。そのため悪臭を知らないで人が同じ家で暮らせなかった。

事実審裁判所は、パンダーが一度に二、三人のコールガールを呼んでの乱交にコリが影響を受けたのがこのような犯罪に走る動機になったとも考えた。その現場を目撃して、コリはおそらく若い女性とセックスをしたい、彼女達を殺し、臓器を食べたいと思うようになったのだろう。

事実審裁判所はパンダーとコリが協力して殺人を行ったとも考えた。裁判所は、リンパ・ハルダーが殺された時、パンダーがオーストラリアにいたという証拠を考慮しなかった。被告人がその証拠が疑いないと証明できなかったと判断した。状況証拠はパンダーの有罪を決定するのに十分だった。事実審裁判所はコリとパンダーの両方に死刑を裁定した。

アラハバード*高等裁判所に上訴で、コリの死刑判決は支持された。しかし、国のマスコミ機関や一般の人々に衝撃を与えたが、パンダーには死刑判決がひっくり返され、無罪を宣告された。

*訳注　インド中北部ウッタル・プラデーシュ州南東部の都市。

二〇〇五年二月八日にリンパ・ハルダーが殺害されたが、パンダーは二〇〇五年一月三十日から同年二月十五日までオーストラリアにいたと主張した。高等裁判所はパンダーが殺人に関わるのが不可能だと推定した。彼の妻デベンダー・カウルが同じ期間、オーストラリアでパンダーと一緒にいたというアリバイが信用された。妻の証言は疑問を持たれなかった。家族の情報を信じるとしても、デベンダー・カウルはパンダーと不自然な関係であった。二人は別居をしていて、彼女はカナダにいる息子と暮らしていた。告訴側の弁護士もパンダーの航空チケットのような文書の証拠、あるいはパスポートやビザなどの他の旅行用書類がないことに疑問を提起した。しかし、高等裁判所は、告訴側の主張を拒絶し、パンダーのアリバイを信用した。

少女や女性を四十五日かそこらごとに殺し、遺体を排水溝に投げ込んだというコリの自白に高等裁判所は頼った。そして、こうした遺体の部分が腐敗する前に、また別の殺人が犯された。高等裁判所は、どのようにこの状況にパンダーが関わっていたのか理解の及ばないものだと述べた。さらに、悪臭が一キロの距離に渡って広がったと記録された証拠もなかった。事実、悪臭の証拠がまったくなかった。取調べの間、数人がD—5番地を訪れていたが、悪臭の事を話す者はいなかった。スレンドラ・コリは自供で、遺体の部分をいつもポリエチレンで包み投げ捨てたと明かしたが、そのため悪臭がしなかったのだ。

供述によると、スレンドラ・コリはパンダーの家で働き始める前は数軒の家で働いた経験があったが、同じような犯罪で告発されたことは一度もなかった。高等裁判所は、事実審裁判所とまったく同じように、その原因は、おそらくパンダーのみだらな態度だという説を立てた。パンダーはいつも家に二、三人の若い女性を連れてきて、酒を飲んでお祭り騒ぎをし、彼女達とセックスをしていた。そうした性癖にふけるパンダーを見ることで、コリの中の犯罪的な性向と過度な肉欲がいっそう激しくなり、陰惨な殺人につながったと高等裁判所は認めた。パンダーが女の子を連れてこなければ、コリには気晴らしがなかったが、連れてくると、人を殺したい気分になったと自白で明らかにされていた。

高等裁判所は、それでもパンダーの酒色にふける行為を、刑事上の共謀罪に問われるインド刑法第一二〇B条の規定にあたる「有罪とみなされるような状況」とは見なされないと見解を述べた。有罪とされる状況を構成する基本的要素は次のようなものである。(a)二人か、それ以上の人との意見の一致であり、(b)意見の一致は、(1)非合法な行為、又は(2)行為自体は非合法ではないが、非合法な手段によって行われる行為をする、あるいは、どちらかにより引き起されることに関係しなければならない。その結果、非合法の行為をするために、又は非合法の行為を引き起すために、あるいは、非合法な手段によって行われる行為のために、二人、又はそれ以上の人達の意見の一致が共謀罪の必須条件である。高等裁判所はコリの供述を信用し、リムパ・ハルダーを家の中に入れ、罪を犯すパンダーとコリの間のつながり、意見の一致を見つけられなかった。言うまでもなく、コリの自白にはパンダーに対する申し立てはなかった。もし彼らが同じ犯罪を共同でしようとしていても、一人の自白が他にも効くと規定するインド刑法第一二〇B条、又はインド証拠法第三十条の規定を引く証拠が少しもなかった。有罪を示唆する全部の状況がコリの自白に基づいていた。事実審裁判所の裁判官がスレンドラ・コリの自白からパンダーを責める部分を引き出すことはできなかったと高等裁判所も指摘した。不利に取られる唯一の事は、パンダーが家に若い女性をいつも連れてきていたということで、そのうちの一人はパヤルという名であったが、高等裁判所はパンダーにリンパ・ハルダー殺人容疑について証拠不十分で無罪を宣告した。

「私達は事件が表面的に見ると、どの裁判所においてもその良心に衝撃を与える不快な外観を帯びているのは十分理解できるが、疑いはどれほど強いものでも、法律上の証拠にはなり得ない。道徳的有罪判決は、強く心からのものであっても、法律で認める有罪判決にはならない」と高等裁判所は述べた。

死刑についてのコメント

高等裁判所はそれでもスレンドラ・コリに死刑を与えるかどうか決めなければならなかった。死刑は、「まれな事件でも最もまれなもの」に与えられるだけである。法廷で話し合われた点は、一方で死刑は無慈悲であるという事であり、他方で、強姦という忌まわしい犯罪に、罪のない少女の両親は死刑を望むという事だった。裁判所は、事件が本当に「ショッキングで悲劇的で悲しい、おぞましく悲痛なものだった」と嘆いた。

議論された刑の情状酌量の情状は、上訴人コリが二人の子供の父親であり、家族がいるということだった。だが、状況の全体を考えてみると、そうした要因をもって被告人を責任から除外することはできなかった。高等裁判所は事実審裁判所の決定を維持して、スレンドラ・コリに死刑を決定した。

最高裁判所

最高裁判所は死刑の判決を与えることが「まれな事件でも最もまれなもの」だったため、スレンドラ・コリに死刑の判決を下した高等裁判所の決定を支持した。

マルカンディ・カトゥー裁判官とギャン・スダ・ミスラ裁判官はコリの死刑宣告を承認した。同時にパンダーに好意的な、又はその反対であろうと、まだ裁判中である残りの複数の事件に関係があると述べて、パンダーの無罪放免に対する中央捜査局の上訴を未決にした。中央捜査局の上訴に判決を下す前に、パンダーがコリと共に告訴されている他の事件の結果を待つと裁判官は述べた。犠牲者リムパの父親であるアニル・ハルダーはパンダーの無罪判決に異議を唱える上訴をして、事実審裁判所が下した死刑の回復を求めたが、それはまだ係争中である。

二〇一四年九月三日に最高裁判所はコリに死刑の判決を下した。二〇一四年九月四日の夕方、スレンドラ・コリはウッタル・プラデーシュ州のガージアバード＊にあるダスナ刑務所で死刑を執行する設備がないため、メーラト＊＊刑務所に移された。コリは二〇一四年九月十二日に絞首刑にされることになっていた。インドでは当事者は判決に不満の場合に再審理請願書を提出できるため請願書が提出されてから、最高裁判所は、一週間ほど死刑の執行を延期した。二〇一四年十月二十九日に、最高裁判所長官H・L・ダットゥに率いられた最高裁判所の裁判官は、裁判所は判決を間違えてはいないと言って、死刑に対する再審理請願書を却下した。

＊訳注　工業都市。デリーの衛星都市。

＊＊訳注　ウッタル・プラデーシュ州北西部の都市。

スレンドラ・コリの絞首刑は、最後の瞬間、公開法廷＊で死刑に対して抗弁する彼の権利を聞こうと決めたアペックス裁判所によって猶予された。だが、最高裁判所は十月二十九日に最終的に請願書を拒絶した。しかし、これで終りではなかった。「民主的権利のための人民連合」＊＊が公益訴訟＊＊＊をアラハバード高等裁判所にもちかけた時、死刑予定者に対する減刑による赦免《しゃめん》請願書が提出された。二〇一五年一月二十八日にチャンドラチュッド裁判長とP・K・S・バゲル判事に率いられた高等裁判所の裁判官達は、スレンドラ・コリの赦免の処分請願に判決を下すのに「過度の遅れ」を理由に、死刑を終身刑に減刑した。高等裁判所は、ウッタル・プラデーシュ州の知事とインド大統領により彼の赦免請願書を処理するのに三年半の遅れがあることを強調し、「不必要な、当を得ない」判決と呼んだ。高等裁判所はその命令の際に、執行令状がガージアバードの特別中央捜査局裁判所で出されたやり方は、コリの「正当なプロセスを経る権利」の「侵害」になると示した。コリは有罪判決が下ってから独房監禁をされていたが、法律では非合法である事も言及していた。

＊訳注　一般人の傍聴が許される公開裁判。
＊＊訳注　「市民の自由と国民の民主的権利」を法的に守ることを目的にしたインドのボランティア団体。
＊＊＊訳注　最高裁判所、高等裁判所、司法委員の個人、又はグループにより直接提起される。請願書を提出する者は訴訟に個人的な関心を持ってはならない。この請願は、大きな一般の関係者の関心がある場合にのみ、裁判所によって受け入れられる。

死刑は、まれな事件の中でも最もまれなものに対して、今でもインドには罰として存在しているが、人権を守るある保護手段がある。高等裁判所は死刑を承認することが要求される。カルタル・シンやバッチャン・シン＊の事件のような重要な判決通りに、まれな中でも最もまれな事件に死刑が下されるだけである。再審理請願書も提出できる。そしてインド憲法七十二条はインド大統領と州知事に特赦を行い、判決の執行を猶予する、短縮する、刑罰を免除する、又は減刑する権利を与えている。法外な遅れは、コリの事件のように、死刑を終身刑に減刑することにもなった。

＊訳注　この章で後出。

私達は死刑に本当に賛成なのだろうか。このような疑問を詳細に論じる必要がある。インドは刑罰として死刑が許されているが、「バッチャン・シン対パンジャーブ州」事件＊で最高裁判所により主張された原則どおり、死刑はまれなものでも最もまれな事件に下されるだけだということを強調しておかなければならない。何がまれなものでも最もまれな事件だと決めるのは、主観的な問題である。議論は法的な面だけに終らない。道徳的な面や公正さが必要だ。ある人達は死刑が残酷で、非人間的で、下劣だと言うが、罰を与えて犯罪者になる可能性のある者に恐怖心を持たせ犯罪を防ぐという考え方をする人もいる。一方で死刑は正義と同様に復讐の見せかけ、他方で、社会的に必要なものとも考えられる。

＊訳注　バッチャン・シンは、一九七七年に三人を殺害し、一人に重傷を負わせ逮捕された。事実審裁判所で裁判後、有罪で、死刑判決を受けた。高等裁判所は彼の死刑判決を認め、控訴を棄却した。この事件は殺人罪に対して死刑が違憲かどうか問われた。現在では、「まれな中でも最もまれな」事件

にしか死刑判決は認められていない。

パンダーとコリに対し、十件以上の事件が裁判や上訴のさまざまな段階で今でも係争中である。時間だけがこうした事件の結果を私達に語ってくれることになる。

しかし、このようなすべての事件の各段階で、マスコミが大衆法廷として事件を生まれ変らせている。マスコミは、聞いてもらえない人々の声であり、現実を見ることができない人々にとっての光であり、決定をもたらす裁判官への案内人である。注目を集める訴訟事件は正確にただ裁判所で決められない。世論法廷でも決められる。取材範囲の規模と訴訟事件についてマスコミが特定の条件に合致するデータを選別しているため、「明らかな偏見」が生じることがある。

そうではあるが、私が他の章でも述べてきたように、マスコミ機関の監視は好ましい場合が多く、地位や富を使って行う不正を正そうと努める。訴訟に関係する問題に関して言えば、自分達の意見をまとめる事が読者のためである。

第8章　タンドール*殺人事件

＊訳注　インド料理に用いる粘土製窯。肉、パンなどを高温で焼く。タンドリーチキンは有名。

デリー警察の巡査アブドゥル・ナジール・クンジュとホームガード*のチャンダーパルにとって、一九九五年七月二日のいつものような夜として始まったものは、インドの刑事司法制度で最も裁判が長期間続く事件の一つになった。二人はデリーのアショーカ・ロード・ウエスタン・コートの地域をパトロールしていた。その時二人はホテル・アショク・ヤトリ・ニヴァス**のバギヤ・レストランが火事になったと女性がパニック状態であらん限りの声を出して叫んでいるのに出くわした。

＊訳注　一般市民の警備を担当する男性や女性で、デリー警察が募集する。
＊＊訳注　現インドラプラスタホテル。

火事だと思って二人はホテルがあるジャンパスレーンの近くの場所まで急いで行き、ホテルの壁をよじ登って敷地内に入った。二人を待ち受けていたのは、インド中に恐怖感を引き起すものだった。あいにく、これは通常の火事ではなかった。レストランのタンドールの中で何かが焼けていた。火に気を配っていたのはレストラン支配人のケシャブ・クマールと、そこの共同所有者スシル・シャルマだった。彼らは燃える火の中に丸太や小さな薪を入れて、火の番をしていたのだ。何を燃やしているのかと尋ねられると、支配人は、彼がインド国民会議派の活動家で古い旗やポスターを燃やしているのだと答えたが、二人の警察官は、いやな臭いがしたため、彼らを待たせておいた。

火を消した時、待ち受けていたのは、快い七月の夜に決して予想できない事だった。タンドールには部分的に焼けた人間の遺体の一部、胴、焼けた骨が詰め込まれていた。近くの黒いポリエチレンのシートには血の痕跡があった。

遺体は結局、タンドールの火の番をしていたレストランの共同所有者の妻である二十九歳のナイナ・サーニだとわかった。彼女は自分の夫である当時のデリー青年会議*会長スシル・シャルマに残酷に殺されたのだった。

＊訳注　インドの政党の一つ国民会議派の青年団。

警察はすぐにレストラン支配人のクマールを逮捕したが、シャルマは逃亡した。クマールの話から警察は調査を始め、ゴールマーケット＊のシャルマのアパートを手入れした。ベニヤ板に埋め込まれた弾丸の跡、シェルケーシング＊＊、血痕を見つけた。「ナイナ・サーニはスシル・シャルマを愛する」と書かれた日記も見つかった。血液、弾丸、日記は、成就しなかった恋物語を示しているようだった。

＊訳注　ニューデリーの中心部に位置する地域。
＊＊訳注　金属製の弾薬の一部。

警察が作成した起訴状にあるように、シャルマとサーニは一緒に暮し始め、人に知らせない秘密の結婚をしていた。だがすべてが上手くはいかなかった。シャルマは新婚の花嫁が彼女の級友であり、青年会議の親しい同僚であるマトローブ・カリムと関係を持っていると疑い始めた。疑惑から夫婦の関係が険悪になり、警察によると、シャルマは家庭内暴力をふるうようになっていた。結婚を秘密にしておくのも新婚夫婦にはストレスになったが、これはシャルマが強要したことだった。結婚の公表が彼の政治的な経歴にマイナスになると思い込んだからだ。

サーニが死ぬことになった状況は、一九九五年七月初めに、シャルマがニューデリーの中心地にあるマンディール・マーグの自宅に着くとサーニが酒を飲みながら電話でおしゃべりをしていた。夫に気づくと、すぐに電話を切った。シャルマは妻が誰と話していたのか知ろうと番号をリダイアルすると、カリムが出た。一番恐れていた事がはっきりした。シャルマは激怒して、32口径の回転式拳銃で妻を撃った。一発は彼女の頭に、もう一発は首に命中した。三発目は彼女でなく通気冷却装置に当った。

彼女は即死だった。次に胃がむかつく事が起った。シャルマは遺体をくるみ、バギヤ・レストランに運び、そこで妻の遺体を切り刻み、その後、支配人クマールの助けを借りて、証拠を消すためタンドールで遺体を焼き始めた。取調べ中に、サーニの両親は遺体を見せられ、非常に取り乱し、ただ泣くだけで、遺体の身元確認ができなかった。やっとできたのは、犠牲者との不倫を疑われたあのマトローブ・カリムだった。検死で火傷は死後のものだと明らかにされた。

シャルマはその間にボンベイ（現ムンバイ）に、それからマドラス（現チェンナイ）に逃亡していた。逮捕状について知ると彼はすぐにマドラスの事実審裁判所に予想保釈*を申請し認められた。しかし後にそれはマドラス高等裁判所に拒否された。シャルマは一九九五年七月十日にバンガロール（現ベンガルール）の地元警察に逮捕され、七月十一日にデリー警察に引き渡された。警察は被告人が滞在していたホテルの部屋を調べ、すぐに32口径の拳銃、四発の実弾、何かの書類を見つけた。

＊訳注　インドで保釈不能な犯罪の容疑で間もなく逮捕されるかもしれないという予想や不安がある場合、裁判所に保釈を求めることができる。

二度目の検死が行われた。X線検査で、死者の頭蓋骨に一発の鉛の弾丸があり、首にも一発あった。被告人のアパートで弾薬が見つかり、死者の体にあった鉛の銃弾は中央法医学研究所に送られ、銃弾が同じ銃から発砲されたのが確認された。警察は死者の血痕のついたクルター＊も見つけた。

＊訳注　長くゆったりとして襟のない長袖のインドの上着。

タンドールを使って殺人をもみ消そうとした事が本当に人々を怖がらせ、これは噂話がやめられない事件になった。タンドールは殺害手段でなく、妻は射殺され、タンドールはただ遺体を破壊する目的で使われただけであるのを覚えている人は多くなかった。

最高裁判所は死刑と終身刑の判決の間に非常に細い線があるのを明確に認めている。最高裁判所の判決の記録を前にして、明白な一目瞭然の自由裁量は時間を要するし、学者達の怒りを招くことになる。スシル・シャルマの判決は、このジレンマを示す良い実例である。何よりもまず、この事件には二つの重要な問題がある。第一に、事実に反する言い訳の答弁が被告人の主張を弱めるという重要な事柄を取り上げている。第一に、被告人の有罪判決を宣告する際に、原告と被控訴人による申し立てを検討し、事件の事実と状況から最高裁判所は認められる減刑により、刑罰を死刑から終身刑にした。

第二の問題は、事件が死刑に値するものであるかどうか決める一方で、軽減する要素を優先するという状況がこの事件を重要なものにしている。この事件は、判決を下す際に、犯罪の特質より犯罪人の性質を優先的に扱うということで大変珍しい。この判決の社会学的、法的な根拠を考察し、残虐行為を伴う事件に刑罰を課すという大きな問題に答えることは、状況で必要になってくる。

次の二つの疑問がこの事件の重要な部分で、私達もそれを掘り下げる。

一　死刑は犯罪の特質、あるいは犯罪人の性質に焦点を当てるべきだろうか。

二　終身刑か死刑かを決めるのにどんな要素を優先すべきだろうか。

A　被告人の年齢は刑罰を軽減する要素だろうか。

B　現在の事件で更生の可能性はあるだろうか。どの程度まで更生の可能性を優先すべきか。

C　殺人の残虐行為は、どの程度まで被告人の判決を軽減する障害になのだろうか。

裁判

シャルマがメディアの騒動と民衆の間違った憎悪のため、公正を欠いた不当な裁判を受けさせられることになると申し立てたデリーの事実審裁判所で、裁判が開かれた。彼はそうした理由で自分を釈放するか、裁判を延期すべきだと主張した。彼は要求を拒否されると、デリー高等裁判所に上訴した。高等裁判所は、メディアにさらされても被告人の害につながらないと言い渡し、彼の申立てを受け入れなかった。

事実審裁判所のタレジャ裁判官は「まれな中でも最もまれな」種類の事件とし、非常に厳しい刑罰を課すことを認め、シャルマに死刑を言い渡した。興味深いことに、明らかに罪を犯したシャルマに有罪判決を下したタレジャ裁判官であったが、この事件より前のプリヤダルシニ・マトゥ殺人事件では彼が有罪だと考える男を放免しなければならなかった。*

＊訳注　第5章を参照。

シャルマの共犯者、当時のレストランの支配人ケシャブ・クマールは、犯罪共謀で七年の厳し

Former Youth Congress leader Sushil Sharma is finally nailed.

Sushil's fate to be decided today

By Rakesh Bhatnagar
TIMES NEWS NETWORK

New Delhi: The fate of Sushil Sharma, who killed his wife, Naina Sahni, and burnt her body in a *tandoor*, will be decided on Friday when sessions judge G P Thareja will offer "special reasons" while deciding why Sharma should live or die.

While dealing with several cases of death sentence, the Supreme Court has said that the trial court must ask two questions and also answer them before awarding the extreme penalty.

Is there something uncommon about the crime which renders sentence of imprisonment for life inadequate and calls for a death sentence? And are the circumstances of the crime such that there is no alternative but to impose the death sentence even after according maximum weightage to the mitigating circumstances which speak in favour of the offender?

There are five circumstances under which the extreme penalty can be awarded.

First, when the murder is committed in an extremely brutal, grotesque, diabolical, revolting or dastardly manner. Two, when a murder is committed for a motive which evinces total depravity and meanness such as murder by hired assassin for money or reward or a cold-blooded murder for gains of a person vis-a-vis whom the murderer is in a dominating position or in a position of trust, or the murder is committed in the course for betrayal of the motherland. Three, when the victim is an innocent child, or a helpless woman or old or infirm person or a person vis-a-vis whom the murderer is in a dominating position or a public figure generally loved and respected by the community.

Four, when a member of a scheduled caste or minority community is murdered not for personal reasons but in circumstances which arouse social wrath; or in case of "bride burning" or "dowry deaths" or when murder is committed in order to remarry for the sake of extracting dowry once again or to marry another woman on account of infatuation.

And five, the crime is enormous in proportion. For instance, multiple murders.

ティス・ハザリ裁判所に出廷したスシル・シャルマ(『タイムズ・オブ・インディア』紙、2003年11月8日。訳者提供)

い禁固刑を宣告された。シャルマをかくまった罪に問われたジャイ・プラカシュ・ペールワァン、リシ・ラージ・ラティ、ラム・プラカシュ・サクデヴァの三人は証拠不十分で無罪になった。

裁判中、多くのマスコミ関係者がティス・ハザリ裁判所*に姿を見せた。約五十人の抗議者の一団がタンドールを持って裁判所の構内に入り、シャルマに死刑を要求した。

*訳注　デリーのオールドデリーにある地方裁判所。

二〇一三年十二月にデリー高等裁判所は事実審裁判所の有罪決定と死刑判決に異議を唱えるスシル・シャルマの上訴を認めた。裁判官ヴィジェンダー・ジェインとR・C・ジェインから成る部門法廷も事実審裁判所から提出された参考事項を聞くことを認めた。

シャルマは、事実審裁判所が記録した証拠を正しく理解できず、起訴を立証できなかったという理由で、裁判官G・P・タレジャの判決をひっくり返そうとしていた。彼はまた「事実審裁判所は殺人に銃を使ったと立証する証拠がないのを正しく理解しないで、事件は状況証拠に基づいているが、被告人と犯罪を結びつけるつながりが数点欠けている」と自分の言い分を述べた。シャルマはマトローブ・カリムが事件に関与しているとも述べた。だが高等裁判所はこれらの主張を却下し、事件について事実審裁判所の判決を支持した。

これに反して、最高裁判所は事件をそれとは違った角度で見た。スシル・シャルマが彼の大切な人を殺害した行為は、緊張した個人的関係の結果であり、社会に対する罪ではないと考え、死刑を終身刑に減刑した。

最初に最高裁判所は事件を検討し、被告人が憎むべき殺人罪を犯し、遺体を残酷に処分したことで有罪判決は免れないという結論に達した。その後、事実と状況を考慮に入れ、死刑を認めるのが適切かどうか審理した。

同じ判決を裁定しようと、被告人に単なる終身刑ではなく、死刑が与えられる状況かどうか過去に確定したさまざまな判決を考慮した。最高裁判所は、家族の長年続く不和に復讐するのが動機となり、五つの近隣の村々で立て続けに同じ夜に起った五つの事件で十七人が殺された事件の過去の判決を参照した。被告人の何人かは死刑を下された。さらに最高裁判所はバッチャン・シン*の事件の憲法法廷の判決も参照にし、バッチャン・シンの事件から見えた次の問題を上げた。

＊訳注　第7章「バッチャン・シン対パンジャーブ州」事件の訳注を参照。

1　極端な責任を伴う最も重大な事件を除き、死という非常に厳しい刑罰を科する必要はない。

2　死の刑罰を決める前に、「犯罪」の状況と共に、「犯罪者」の状況も考慮する必要がある。

3　終身刑は規定であるが、死刑は例外である。言い換えれば、犯罪の適切な状況を考慮して、全体的に見て、終身刑が不十分な刑罰であると思われる時や、犯罪の性質や状況、すべての関連ある事実を考慮して、もし良心的に終身刑を科す選択が取れないとすれば、そうした場合に限って、死刑を科さねばならない。

4　さらに、酌量すべき情状のバランスシートを作成しなければならない。そうする際に、酌量すべき情状は十分重視されなければならず、選択が行われる前に、罪を重くする情状と責任軽減事由を比較検討する必要がある。

このような指導基準を適用するため、裁判所は次の質問をし、それに答えなければならないとまで述べた。

(a)　犯罪について、終身刑が不十分であり、死刑を求める何かまれなことがあるか。

(b)　犯罪の状況は、犯罪者のために有利になる酌量すべき情状を最大限に重視しても、極刑に処する以外に手段がないほどのものであるのか。

最高裁判所は、タンドール殺人事件の事実を熟慮し、死刑を下すべきかどうか決定すると同時に、酌量すべき情状を考慮して次の意見を述べた。第一に、さし迫った犯罪は社会に対してでなかった。被告人は前科がなく、将来、このような犯罪に訴えることを示唆する証拠もないので、機会を与えれば、更生し、改心が可能である。さらに、裁判所は、残虐行為だけが個人に死刑を与える理由になり得ない。

アメリカの最高裁判所が言い渡した他の判決に頼りながら、バッチャン・シンの事件で述べられている判断基準を尊重して、最高裁判所は、次のような罪を重くする状況では、裁判所が自由裁量で死刑を科すことができると考えた。

(a) 前もって計画して殺人を犯し、極端に残忍な行為を伴う場合、又は、

(b) 殺人が極端な悪行を伴う場合。

私は更生の可能性も被告人の行為によって決定されることがあると信じている。社会全体の良心がそうした状況で非難されるべききわめてひどいと考える道徳的な境界を越える罪を犯す時、犯罪実行者を罰する必要以上に、更生の必要を優先させることは妥当でない。この場合には、現事件で更生が可能かどうかの決定は、遺体安置所で遺体を見て被告人が泣いていた事実といった理由に基づいているようだ。

「スブラマニアン・スワーミー対インド連合*」で、最高裁判所は、犯罪の申し分のない定義は

ないが、言葉は犯罪的なすべての行為や不作為を含み、通常、一般の人々の安全や幸福に影響する言葉であると考えた。犯罪は共同体の総体的な道徳観を阻害する道徳的な不法行為である。さらに言えば、最高裁判所も次のような言葉で認めた。

＊訳注　第10章でも後出。最高裁判所が刑事名誉毀損の合憲性に対し正面からの挑戦を初めて審理した裁判。「インド連合」とは現在のインドが独立直後、英連邦の一国であった期間の国号。現在のインドを指して、稀にこのように呼ぶことがあるが、憲法や法律に基づく正式名称ではない。

犯罪は社会に影響し、害を引き起し、社会的調和を損なう。私達が社会について話す時、それは抽象的な考えや思考ではない。個人の権利と社会の間に結びつけるつながりがある。そしてこのつながりが一般に共同体の利害を引き起す。それは具体的な、目に見える現象である。その結果、個人に害がもたらされる時、全体として社会が影響を受け、危険であると理解される。

最高裁判所は『ケニーの刑法の概要』*を引き合いに出して、社会は個人の集りなので、個人を害するいかなる行為も、ある程度まで社会をも害することを認めた。

＊訳注　セシル・ターナー著・一九六六年ケンブリッジ大学出版局発行・第十九版。刑法を学ぶ学生のための基本的法律ガイド。

いずれにせよ、私はタンドール殺人事件で最高裁判所は死刑の口実を正しく棄却したと考える。犯罪法学についてこの独特のアプローチは、人道にかなっているだけでなく、すでに制定された有効な法の原則と完全に一致している。

インドの法律委員会*は二百六十四版報告書の七・二・四段落で、懲罰は刑罰を与える時に重要な役割を演じているが、報復ではない。インド法律委員会は効果的な犯罪阻止の見せしめの懲罰として死刑があるのではないと一貫し主張してきた。同じことが国連の機関や国際アムネスティ**のようなNGOでも繰り返されてきた。

*訳注　法の体系的発展と改正のために提言を行う委員会。

**訳注　民間の国際的な人権擁護組織。政治犯の救済、死刑・拷問の廃止などを訴える。一九六一年英国の弁護士が設立。一九七七年ノーベル平和賞。

タンドール殺人事件で、犠牲者を殺害するだけでなく、さらに彼女の遺体を処分しようとする憎むべき行為はきわめてひどいものである。だが裁判所は血を強く要求する社会から距離を置き、健全な法学の遺産を保ち、犯罪の本質をみきわめた。殺人事件は単なる犯罪ではない。いつも多様な人間の感情を含んでいる。私達には法律に強い関心を持っている者として、価値のあるものと、ないものに分ける役目がある。どのような処罰になるかは、犯罪だけで決められず、犯罪が孤立した偶発事件なのか、前もって計画されたものでない挑発の結果なのか、被告人が自責の念を示したかどうかも含め、その周囲の事情にもよる。

最高裁判所の様々な判決を精読してみると、死刑の判決には常に大きな議論がある。ニューデリーにあるデリー国立法科大学*の研究員達が行った死刑研究プロジェクトによれば、死刑の判決がおりている囚人の八十パーセント以上が学校を出ておらず、約半数が十八歳前に働き始めていた。最高裁判所は、ニルバヤの事件**の判決では被告人の年齢に十分注意を払わないが、タンドール殺人事件では更生の可能性を明らかにし、年齢を十分に考慮し、正反対のことを行った。

*訳注　二〇〇七年に総合的かつ学際的な法教育を行う目的で設立。
**訳注　第1章参照。

法律の字句だけでなく、犯罪を取り巻く状況を吟味する裁判所の決定は、「まれな中でも最もまれな」の字義と精神に意味を与えている。マハトマ*の国には、その刑罰制度の中心部分に「更生」がある。タンドール殺人事件はこの実例である。スシル・シャルマは初犯者であり、大衆の怒りを考慮に入れず客観的に考えれば、わかりやすい殺人だった。人々の偏見を煽ったのは遺体が残酷な方法で処分されたことだった。むごい群衆の判決でなく、悲劇に思慮深く対処した判決であり、社会全体としての良心を示すものである。

＊訳注　「偉大なる魂」の意味。インドで高貴な人の名〔特に〕ガンディーに付ける敬称。彼は弁護士でもあったが、非暴力・不服従運動を生み出した。

第9章　わずかなルピーのために——契約殺人

本章の被告人ナレンドラ・シン・ジェイン医師の契約殺人事件は国内に騒ぎを巻き起こした。私が若い弁護士として、パーラメント・ストリート地方裁判所に出廷した最初の裁判だった。被告人にはラム・ジェトマラニ、B・B・ラル、K・K・ルトラといった三人の弁護士が担当していた。私は興味をそそられた。明白な証拠はなかったが、契約殺人事件によくあるようにすべて関連づけられていて、ジグソーパズル*の小片を組み合わせたようだった。

*訳注　一枚の絵をばらして作った多くの小片を組み合わせてもとの絵にする玩具。

契約殺人の話が出ると、直感的に、ジェームズ・ボンド*や、フレデリック・フォーサイス**の『ジャッカルの日』***のジャッカルのように訓練された一流の魅力的なプロを考えがちである。実際は、契約殺人者はたいてい貧しい社会階層に属している。そして、復讐心に燃えているが自分の手を汚し、罪を犯して逮捕されるのを望まない人達に都合よく利用される。契約殺人の問題は、裁判が行われても、実際の黒幕を投獄するのはいつも困難である。

＊訳注　英国の作家アイアン・フレミングのスパイ小説の主人公である英国秘密諜報員、コード名は００７〔Double O Seven〕。

＊＊訳注　英国の作家。

＊＊＊訳注　一九七一年に発売の小説。一九七三年に映画化。

契約殺人者は、五〇〇ルピーといったほんのわずかなルピーのためでもこの危険を冒そうとする。組織化された犯罪の契約殺人は、少しばかり異なっている。これはギャングとのつながりがもっとあり、大都市、あるいはブラジルやメキシコのような国々の違法売買が行われている地域の薬物取引をめぐる暴力と関係している。動機がなんであれ、契約殺人者は、現金のためだけに殺人を犯す、感情に動かされない冷酷な犯罪者である。

犯罪の伝承は全くの陰惨な方法を実際より美化して描き、名誉や勇気と結びつけようとしてきた。しかし、結局は、共謀と殺人の合意にほかならない。全プロセスが実際に殺人を犯す感情的に緊張したものというより、商取引になっている。犯罪の業務委託は、常に雇用者側に利益をもたらす。雇用側が直接関係する必要がないだけでなく、警察官が有罪や動機を確定するのに慣例となっている方法を用いるのが難しいためである。多くの場合に、契約殺人者と犠牲者を結びつけるものが何もなく、両者を結びつけるのがきわめて難しい。同時に、雇用者は契約殺人の時間にすきのないアリバイを提供できるし、すべての取引が現金で行われるので、金のつながりも確実に消せる。これらすべてを考えあわせた理由で、契約殺人はそれ自体、まったく恐ろしい産業である。

契約殺人は、その独特の慣習、労働観、殺人者の匿名性や評判の重要性といった規範と共に拡大し、成長するビジネスとして確立した。非常に広い多数のネットワーク、景気がいい人達がかかわる需要と供給のダイナミックな市場は、極悪非道な目的と、非合法的な活動の大規模な結び付きを創り出した。ただ一つの事件が、しばしば、異なる勢力範囲の人々を関係づけ、非常に大きな影響を及ぼしている。

インドの契約殺人の歴史

契約殺人は私達が知る限りずっと存在してきた。実際の例は、国の王や貴族が汚い仕事をさせようと殺人者を雇った時にさかのぼる。一九六〇年代と七〇年代に、ボンベイ（今はムンバイという名で知られている）で、インドの暗黒街、国内で初めての組織的な暴力団が現れた。この悪名高いグループとその生活は犯罪ファンに数多くのとりとめもない想像をはぐくみ、ダウード・イブラヒム*、ハジ・マスタン**、チョタ・ラジャン***は誰もが知っている有名人だ。

*訳注　〔一九五五年～　〕現在パキスタンのカラチ在住。
**訳注　一九二六～一九九四年。
***訳注　〔一九五九年―　〕二十年以上にわたる逃亡の末、二〇一五年インドネシアのバリ島で逮捕され、インドで終身刑を下され、現在服役中。

インドの契約殺人で最初に報告された事件は、一九六九年に起った。密輸業者ハジ・マスタンはギャングのユスフ・パテルを消すために当時としては気前のよい一万ルピーの額をパキスタン人の二人の男に支払った。しかし、この企ては頓挫した。

州都ムンバイのあるマハーラーシュトラ州警察がマフィアのボスや射撃の名手を排除しようと定期的な捜査を始めたため、ハジ・マスタンの組織はビハール州やウッタル・プラデーシュ州に徐々に移動した。不幸なことに、これらの州には永続的貧困のため、簡単に雇われて人を殺すように納得させせられてしまう人が多くいた。

マフィアはたいてい政界、インド映画産業、不動産業の有力な人物や、他の誰であっても、排除の目的で雇った男達を使う。マフィアはそうした大立者を排除するために、貧しい人々を脅し、金を払って目的を達成する。こうして恐怖の制度が始まった。

もう一つ別の背筋が寒くなる事件は、ダウード・イブラヒムの命令で実行されたギャングのアミールザダ・ナワブ・カーンの殺害だった。それより前にカーンが陰で糸をひいて、二十六歳のデヴィッド・パルデシという失業中の男に五万ルピーの代価を払ってダウード・イブラヒムの兄をムンバイの治安判事裁判所で白昼に射殺させていた。その報復だった。

インド警察の警官R・K・シャルマは首相府でシヴァニ・バトナガル*のたびたびの訪問を受けていた。彼女が記事にしていた事柄について彼から情報を得るためだった。こうして頻繁に会う間に親密になり、勤務時間が終わってからもたびたび電話をし、会うようになった。申し立てによれば、二人は互いに深く愛するようになり、シヴァニはシャルマの子供を妊娠した。二人の関係は、それぞれの配偶者を離婚した後に結婚しようと決心するところまで発展した。

*訳注　彼女はインドの代表的な英字新聞の一つ、『インディアン・エクスプレス』紙の記者をしていた。

マスコミで報道された話によると、シヴァニが男児を出産する時までに、上訴人であるシャルマはすでに彼女への興味を失っていた。彼女から本当のことを公にして彼の人生と仕事を破滅させると脅されたので、命で彼女にその支払いをさせたというものだ。契約殺人者であるプラディープ・シャルマが割り出されたが、警察官R・K・シャルマは無罪を宣告された。デリー高等裁判所はプラディープ・シャルマがシヴァニ・バトナガルを殺害したかどうかを審問した。しかし、その事実が立証されても、犯罪の陰謀を確証するには、プラディープが罪を犯したのは他の誰かからの命令であり、彼自身の自由意思でないことをさらに証明する必要があった。警官R・K・シャルマの釈放に反対してデリー警察は最高裁判所に上訴し、係争中である。

投獄の危険や死刑の刑罰さえ伴う状況で、報酬は重大なものだと思うだろう。しかし、私は殺人を犯す取引が五、〇〇〇ルピーほどのわずかな金で計画された取引をいくつか知っている。この事実は、私達の社会が道徳的に悪くなったことを反映している一方、ある人達が生きていく切実な問題があるのを示している。インドで基本的教育、仕事、技能の三つの欠如と欲と人間の生活への配慮のなさとが結びついて、殺人が実際に就ける仕事の選択肢の一つになっている。

二万五、〇〇〇ルピーのために高い代償を払った契約殺人者達

ナレンドラ・シン・ジェイン医師の事件は、妻ヴィドヤ・ジェインの一九七三年の忌まわしい契約殺人で印象が強く残っている。事件は殺人者も被害者も社会の上層階級に属していたためか、一般の人々の注意を引くことになった。殺人が裕福な人々の間で起ると、大衆に強い影響を与えるようだ。この事件では、被告人はナレンドラ・シン・ジェイン医師で、当時のインド大統

領V・V・ギリ*の個人的な眼科医だった。医師は愛人のチャンドレシュと共謀して四十五歳の妻を殺すために二人の男を雇った。

事件には二つの疑問があった。

*訳注〔一八九四〜一九八〇年〕第四代インド大統領〔一九六九〜一九七四年〕。

一　最終的にヴィドヤの殺害を命じたのは、ジェイン医師かチャンドレシュのどちらか、あるいは、両方だったのだろうか。

二　ジェイン医師は知らない暗殺者による殺人が問題を起さないと本当に考えていたのだろうか。

一九七三年十二月四日の午後七時十五分頃に、ジェイン医師は首都ニューデリーの高級住宅地ディフェンス・コロニーの自宅に帰った。妻のヴィドヤに同じ住宅地の近くに住む彼の姉を訪問のため、支度をするように言った。

隣家に駐車していた彼らの車で出かける予定だった。数分後に夫婦が家から出てきた。ジェイン医師が車のドアをあけるために車の右側に向かって歩き、妻は左側に向かった。彼がドアのカギをあける前に、妻の姿が見えないことに気がつき、左側のほうに回っていくと、近くの排水溝に人が身をかがめているのが見えた。すると一人の男が排水溝から飛び出してきて、医師にピストルを振り回し、もう一人の別の男と北のほうに逃走した。

ヴィドヤは襲撃者が現れた排水溝で見つかり、ジェイン医師の来客者達と使用人の助けを借りて引き上げられた。ヴィドヤは十四カ所ほどナイフでひどく切られていた。大量に出血していて、ジェイン医師が車に乗せて、近くの小さな私立病院に運び、到着してすぐに彼女の死を告げられた。

合意

ヴィドヤ・ジェインの殺害計画は複雑であり、一時的な中断もあって不可解だった。ジェイン医師は妻がいたが、チャンドレシュ・シャルマという愛人がいた。共に二人の関係をオープンに続けられるようにヴィドヤを殺したいと思っていた。チャンドレシュはインド軍の教育軍曹として働いている二十五歳のラケシュ・カウシクを知っていて彼に近づいた。一九七三年九月頃にラケシュは医者の妻を殺す計画でカラン・シンと呼ばれる男に接触した。その後、別の会合にチャンドレシュはラケシュに同行し、カラン・シンに会うと、一、二〇〇ルピーを与えた。そして、一万ルピーの前払いと、全部の仕事に二万ルピーを払うと提示した。一九七三年九月十四日にチャンドレシュは、バッグから二万ルピーを取り出し、カラン・シンに与えた。その金は同じ日にジェイン医師が一〇〇ルピー紙幣で二万ルピーを引き出した金だった。だがカラン・シンは、金をトラックの購入に投資してしまい、ヴィドヤ・ジェインを殺害しなかった。

ジェイン医師、チャンドレシュ、ラケシュの三人は、二度目は誰か別の人間を雇って殺人を依頼しようと決めた。ラケシュはハリヤーナー州のチャルキ・ダードリの故郷の町に行き、二十六歳のラム・キシャンという自動車修理工を連れてきた。ラケシュはラムジと呼ばれるタクシー運転手とも知り合いだった。一九七三年の十一月にチャンドレシュはラムジにジェイン医者の妻を殺す計画を立てていて、自分の代りにやってくれる男の段取りがついたので彼のタクシーを借りたいと話した。その代わりに彼への贈物として、車と、永久雇用のチャンスを与える約束をした。ラムジがタクシーを貸すことに同意してから、ラケシュは自動車修理工のラム・キシャンをおどし始め、ヴィドヤ・ジェインの殺害を強制するようになった。この時点まで自動車修理工ラム・キシャンはなぜ自分がデリーに連れてこられていたのか気がつかなかった。ラム・キシャンはしばらく三人組に協力するふりをした。彼は数回にわたってヴィドヤ・ジェインの近くに連れていかれたが、彼女を傷つけることはなかった。結局、彼女の殺害を一九七三年十二月にはっきりと断った。こうして医者の妻を殺す第二の陰謀も実を結ばなかった。

その後、タクシー運転手ラムジはラケシュとラム・キシャンをカルヤン・グプタのところに連れて行き、ラム・キシャンはニューデリーのボガルというところで車から降ろされた。しかし、一連の出来事や関わる人間はそれで終わらなかった。カルヤン・グプタがラムジとラケシュをハリヤーナー州パルワル県のゴーリー村でバギラートとして知られている男に会いに連れて行った。バギラートは彼らがヴィドヤ・ジェインを殺す助けに同意し、ウジャガル・シンとカルタル・シンに会うためにラージャスターン州に連れて行った。この二人から二万五、〇〇〇ルピーの要求があり、それは難なく承諾された。

そのときからウジャガル・シンとカルタル・シンの二人はジェイン医師の家を数回ほど下見に行った。

主謀者はジェイン医師、チャンドレシュ、ラケシュだった。チャンドレシュとラケシュは積極的にかかわっていたが、ジェイン医師は副次的な立場で、舞台裏からコントロールをしていると言ってもよかった。チャンドレシュとラケシュがよく訪れることで知られるチャーンドニー・チョウク*でニュー・ヴィグ・レストランと呼ばれる騒がしいレストランで陰謀の詳細を話し合って計画が密かにもくろまれた。

＊訳注　月光路の意。首都ニューデリーに対するオールドデリーで第一の商店街。

一九七三年十二月四日の午後四時頃に、ラケシュはラムジにその日に「仕事」を遂行しなければばならないので、「ニュー・ヴィグ・レストラン」まで彼に同行するよう頼んだ。二人はタクシーを借りて、チャーンドニー・チョウクに行った。チャンドレシュ、バギラート、カルヤン・グプタ、ウジャガル・シンとカルタル・シンがもうレストランの外に来ていた。みんなで中に入り、コーヒーを飲んだり、食事をしたりしていると、ジェイン医師が到着した。医師はウジャガルに仕事を注意して果たすように念を押し、希望の金額が受け取れること、問題が起っても面倒をみると確約した。ジェイン医師が去った後、チャンドレシュは、自分も午後六時半ごろにジェイン医師の家に彼の車で着くと話した。彼女が家の外で車から降りると彼らに知らせ、医者が妻と家から出てきた時、ウジャガル・シンとカルタル・シンが妻を殺すのだと教えた。医者には絶対に危害を加えないように注意しラムジ、バギラート、カルヤン・グプタの三人はタクシーでニューデリーのボガルに向かい、ディフェンス・コロニーに午後五時四十五分頃に着いた。バギラートとカルヤン・グプタは、カルヤン・グプタの家に行き、ラムジはスラム街の自分の家に帰った。計画は同じ日の計画より少し後の時間に実行された。

犯罪計画は完璧なものではなかった。この事件にはいくつかのわき筋があり、いくつかは失敗していた。最後の段取りを非常に注意深く計画していても、見逃せない点があるとジェインとチャンドレシュの取調官は指摘した。

一　何も盗まれてなかったので、強盗は動機でなかった。

二　犯罪は前もって計画されたものだった。
三　ジェイン医師だけなぜ襲われなかったのか？
四　ジェイン医師は暴漢をなぜ追いかけようとしなかったのか。なぜ傍観しているだけだったのだろうか？

チャンドレシュとウジャガルの自白もあり、すべての状況がジェイン医師の有罪を証拠づけていた。

警察が調査をすると、チャンドレシュはジェイン医師の秘書をしていたことがあり、彼の家庭の平和のために解雇されていた。チャンドレシュはジェイン医師から家をもらい、秘書の給料より高い金額の金が定期的に彼女の銀行預金口座に振り込まれていた。ジェイン医師とチャンドレシュが共に結婚を望んでいて、そのためにヴィドヤ殺害を共謀したことが法廷で立証された。

事実審裁判所は一八六〇年「インド刑法」第一二〇B条の下で、共犯証人*になったタクシー運転手ラムジと一緒に、N・S・ジェイン医師、チャンドレシュ・シャルマ、ラケシュ・カウシク、バギラート、カルヤン・グプタ、カルタル・シン、ウジャガル・シンをヴィドヤ・ジェイン殺害の共謀と殺害のために告発した。

＊訳注　減刑をねらい共犯者の犯罪を証言する人。

カルタル・シンとウジャガル・シンは彼らが所持していたナイフ、ピストル、弾薬の所持のため銃砲法第二十七条の下、別に審理された。*治安判事裁判所の裁判官は、カルヤン・グプタとバギラートを共謀のためだけに有罪とした。一方、ジェイン医師、愛人チャンドレシュ・シャルマ、インド軍の教育軍曹ラケシュ・カウシクの容疑を認め終身刑にした。カルタル・シン、ウジャガル・シンも銃砲法第二十七条の下では、それぞれ二年半の厳しい禁固刑が宣告された。

*訳注　一九五九年のこの法律で一般のインド人は銃や弾薬を所持できなくなった。

事件につながる状況証拠しかなかったので、検察側の仕事は困難なものだった。前例のない効率のよい調査と勇敢な目撃者の協力で、検察当局は複雑な状況証拠のつながりを立証した。被告人達の上訴と、もっと厳しい判決を求める国からの反対上訴があった。

私達はまだ直接的な目撃証人の答弁や、動機にひどく頼っているので、この事件は状況証拠の説明の先例となっている。この事件は多くの者が関係した複雑な陰謀だった。興味深いことに、行為者も居合わせた者も全員が有罪を宣告された。この裁判は、被告側の弁護士達も事件を認め、法廷の証人席にとっても歴史的なものだった。被告側の弁護士が直接的・間接的に被告人が有罪だと認めるのはめったにないことである。

動機

チャンドレシュのA・N・ムラ弁護士とジェイン医師のB・B・ラル弁護士は、チャンドレシュが夫から裁判での別居の決定を通知されていたことや、検察側によって証明されたようにジェイン医師から小切手や銀行為替手形として金を受け取っていた事、二人の男女関係を否定しない戦略で正確に弁護した。しかし、殺人の動機を否定した。ジェイン医師の弁護士は、「二人の性的関係は何年も続き、満足感を得ていたにもかかわらず、ジェイン医師がチャンドレシュと結婚したいと強く願う理由がまったくない」と主張した。ジェイン医師にはヴィドヤ・ジェインを殺害させる動機がまったくないということだ。ムラ弁護士もチャンドレシュにもヴィドヤ・ジェインを殺す動機がなく、ジェイン医師とチャンドレシュの不倫に対する妻ヴィドヤ・ジェインの憤りや反対は一九六七年四月までさかのぼるが、チャンドレシュは報復や復讐をしてヴィドヤ・ジェインを傷つけるようなことは何もしなかったと強調した。「チャンドレシュには敵意〔たとえあったとしても〕を増長させる新しいことは何もなく、ヴィドヤ・ジェインを殺害させる「やむにやまれぬ動機がない」」、と主張した。

デリー高等裁判所は述べた。

犯罪の委託の直接の証拠が信用に値するところでは、動機は背景となって後退し、非常に重要であるとは考えられない。しかし、全体として状況証拠をよりどころにする事件で、動機は考慮を要する重要事項の一つである。

被告人は動機の立証によるだけで有罪と決定されるものではなく、告発された罪についての証拠関係の正しい認識の助けとなるものである。

今、ある事件で動機を証明することは可能かもしれないが、他の事件ではその証拠が用意されていないかもしれない。謎に包まれたものが、しかし、動機の決定的な欠如を必ずしも意味しない。起訴者側が動機の妥当性を認める必要がないのは、論ずるまでもない。異なる人々が多様な環境に対して、いかに振る舞い、反応するかは予測できない。ある人には非常にささいな問題と思えることが、他には最も凶悪な犯罪に到るほど容易ならぬことかもしれない。そのため起訴者側は動機につながる証拠を提出し、問題をそのままにするだけで十分である。

デリー高等裁判所は情事と不相応な支払いに何らかの動機を見出し、述べた。

ジェイン医師とチャンドレシュにヴィドヤ・ジェインを殺害する動機があったことは否定できない。ジェイン医師とチャンドレシュの情事は束の間のものでも、浅いものでもなかった。いわば永続的で、深いものだった。ヴィドヤ・ジェインは彼女の隣人、シーラ・カンナ夫人（一般証人4）に、「チャンドレシュが一家の女主人であるかのように食事の際にふるまった」と不満を述べていた。ジェイン医師は彼の秘書としてのチャンドレシュの仕事を一カ月もたたないで解雇したが、それは家庭の平和のためだけの目的であった。男女の関係は続き、盲目的になっていった。彼はチャンドレシュに定期的に送金し続け、その額はいつも一〇〇の数倍、解雇され奪われた給料三〇〇ルピーよりはるかに多額だった。一九六八年十一月二十五日に彼が彼女に与えた一枚の小切手は、彼女が二十八カ月ほど継続して働かないと得られない額、八、四〇〇ルピーであった事実は繰返し述べられることになる。

共謀

決定的な行為を犯すという合意に達した瞬間に共謀が成立する。合意に基づいて行動するかぎり共謀は存続する。

ラケシュとチャンドレシュがカラン・シンを暗殺者として雇いに行ったとき、犯罪の共謀が成立した。カラン・シンが受け取った金を自分のトラックの購入の一部にして、彼に当てられた役割を果たすのを拒絶した時、この共謀が終了したとは言えない（共謀は、その目的が達成されるか、挫折か、頓挫する時だけ、存在が終ったと言える）。カラン・シンがヴィドヤ・ジェインの暗殺を拒絶した時、結果はどちらにもならなかった。ラケシュはもう一人の別の男、自動車修理工ラム・キシャンに接近し、ヴィドヤ・ジェインを殺す仕事に加えようとしたとき、それは新しい共謀としてではなく、同じものと考えられる。新しい暗殺者、ウジャガル・シンとカルタル・シンが雇われ、課せられた任務がうまく達成したときに同じ原理が適応される。「確定した記録の事実はヴィドヤ・ジェインを殺害する計画に一つの陰謀があるだけである。陰謀はあの不運な女性の悲劇的な死まで続いた……」。上訴人達に対する罪は、三つ別々の陰謀を表していないし、裁判も被告人の弁護士たちが示すように一緒に扱われる三つの陰謀ともならなかった。

誰が絞首刑にされるべきか

犯罪の「報酬」を決めたのはウジャガル・シンで、致命的な打撃を加えたのもウジャガル・シンだったが、カルタル・シンは犠牲者をただ押さえつけていただけだったという理由で、両者に区別をつけようとする試みがあったが無駄に終った。

デリー高等裁判所はそれを「相違のない区別」と呼んだ。高等裁判所は次のように述べた。

状況は仲間のうちの一人だけで殺人を行うことができなかったことを示している。暗殺者がほんのわずかでもリスクを伴わないでヴィドヤ・ジェインを確実に殺害するために、彼女を押さえつけ、助けを求めて叫ぶ事、悲鳴を上げることもできなくする必要があった。これは誰かが叫び声を消そうと彼女の口をふさぎ、うまくねらいを定めて襲うために、彼女をしっかり押さえておいて達成できることだった。カルタルはその不可欠な勤めを果たし、ナイフをふるう男と同じ役割を果たした。カルタルはその上、303口径の銃で武装し、十分な弾薬を所持していたのは、誰も殺人計画の実行を邪魔しない、あるいは、逃走車に容易に乗れるとウジャガルに保証しているようなものだった。ウジャガルは必要がなかったから武器を使わなかっただけで、私達の意見では、ウジャガルもカルタルも同じく極刑に値する。

あいまいな違い

罪を犯すと、貧しい人が絞首刑になり、裕福な人は生き残るようだった。刑務所の中でもそのようだ。共犯の被告人カルタルにも死刑判決が下されると、法廷には拒否の反応があった。ジェイン医師、チャンドレシュ、ラケシュの三人は事件のとき居合わせていたし、共謀に積極的であったが、法廷は区別を選び、ウジャガルとカルタルの役割と比べ他の共犯被告人は罪が軽いと判断した。「彼らはヴィドヤ・ジェインが死ぬことを願い、彼女の殺害を計画したが、ウジャガルとカルタルが彼らの願いを実現しようと彼女を殺害しなければ、何も果たされなかっただろう」

みんなが殺人を計画し共謀したので、この判決はむしろ問題があるように思えた。それは行為を犯そうと悪事をたくらむすべての共謀者は、たとえ彼、彼女が行為を犯さなくとも等しく有罪であるという国家の一般的法律*に反している。しかしジェインとチャンドレシュは終身刑で済んだ。グジャガルとカルタルの判決は終身刑から死刑へと厳しくなった。

最高裁判所は次のような言葉で判決を下す気持ちを表明した。

＊訳注　すべてのものに対して一般的に適応される制定法。

上訴の特別な許可を認めるこの裁判所の裁判権は非常に例外的な状況で行使できる。一般社会の重要な面での法の問題、あるいは裁判所の良心に衝撃を与える決定は、特別許可を認可する主な要件である。この事件で私達の良心に衝撃を与えることがあるとすればこうである。すなわち、もし死刑が認められるなら、金目当てにどんなことでもする人間に与えるべきであり、妻を殺害させようと彼らに多額の金を払う約束をした夫とその愛人は、もっと軽い刑罰を与えるべきである。

ジェインは終身刑の判決であったが、良きふるまいのために十一年後に釈放された。一方、雇われた暗殺者、カルタル・シンとウジャガル・シンは絞首刑に処された。

第10章　流血のない殺人——名誉棄損

インド亜大陸は民主主義を誇りにしている。私達のような広大で、多様な国が今では七十年にわたり成功した民主的な政府を維持できているのを見て驚くことが多い。本当の民主主義の基盤はその国民に与える言論や表現の自由の程度であるという考えが、私の心によく浮かぶ。不当な報復をされることを恐れないで、国民が自分達を表現できるという考えは、グローバルな問題で重要な役割をいつも果してきた。インドが主要な民主主義の国である理由は、私達の言論と表現の自由が厳格に守られているからだと堅く信じている。

言論や表現の自由は、当然、否定できないが、責任を伴わなければ名誉棄損になることがしばしばある。事実を確かめない節度を越えた発言は、償いできないほど人に害を及ぼすことがある。ヴィシュワナート・アグラワル対サルラ・ヴィシュワナートの事件*で、最高裁判所は次のように述べた。「信望は生きがいであるだけでなく、子孫と同様、現在の収益でもある」。ウメシュ・クマール対アーンドラ・プラデーシュ州の裁判**では、裁判所は人間の個人的権利は信望の権利を含むと述べた。よい評判は個人の信頼の要素であり、生命、自由、財産を享受する権利と一緒に憲法で等しく保護され、そして正確な意味で、それは憲法二十一条で市民の生活に対する権利に関して必要な要素であると判断されている。

*訳注　夫が妻サルラに対し精神的虐待で離婚を求めた裁判で、最高裁は離婚を認めた。

**訳注　ウッタラーカンド〔ウッタラーンチャル〕州のニュース・チャネルの編集長&最高経営責任者ウメシュ・クマールが州首相を含む著名な政治家たちに対するゆすりの罪で逮捕された。二〇一二年のアーンドラ・プラデーシュ州高等裁判所の判決に対し、クマールが上訴人となりアーンドラ・プラデーシュ州が被上告人となった二〇一三年の最高裁判所での裁判。

私達が名誉棄損の法律を見るとき、思い浮かぶのは、「評判」の概念である。正確に言えば何が評判とみなされるのだろうか。それは善意のことだろうか。それとも人の社会的地位であろうか。あるいは私達が自分と結びつけて考える特質だろうか。名誉は、実体がないにもかかわらず、財産として漠然と理解され、そして私達が暮らす社会で、持っていると思われる地位、特質としばしば結び付けられる。

インドでは、特に、名誉を大きな財産であると考える。インドの歴史は自分達の名誉を守ろうとして英雄になった男達や、自分の名誉を守るために死んで、女神として崇められている女性達の手本で溢れている。ほとんどすべての社会で、名誉は個人の社会的価値が評価される判断基準になっている。

正反対である善悪の概念のように、名誉の概念は悪評と共存している。名誉棄損の法律は、悪評の阻止を求め、悪評から市民や組織を守るためにあり、悪意やおしゃべりによって傷つけられないように、人々が労を惜しまないで築いた名誉を損なう無思慮な話や、質の悪い報道を規制している。

名誉棄損の起源は「貴人に対する中傷」という考え、注意深く築かれ、育まれた貴族の名誉を守るために引き出されたコンセプトにさかのぼる。しかしインド刑法は、植民地インドで英国のインド統治*の利益を守る必要があったという直接的な結果という一番ありきたりの背景から生まれた名誉棄損の法律に由来する。しかし、立法府は、賢明にも、インド刑法第四九九条と第五〇〇条に次のように規定している。

*訳注　一八五八〜一九四七年。

第四九九条にはこうある。

名誉棄損―話した事、あるいは書いた物のどちらであっても、言葉により、又は掲示や目にみえる表現により、害を与えようとする、汚名がその人の名誉を損なうことを知っていながら、意図して、いかなる人についても名声を傷つけ、そうしたことの公表は、誰であれ、以下の例外条項を除いて、その人の名誉を棄損したことになる。

第五〇〇条は、誰であっても他の人の中傷は、二年に及ぶ可能性がある投獄か、罰金、又はその両方で罰せられると述べている。

名誉と中傷は同じ種類の正反対のものである。無形の財産としての名誉の観念は強く活力と英知のある法律の判例を生む。名誉棄損から、名誉棄損の不法行為で、その目的を達成しようとする事から個人を守る必要があるのは明白である。

指導的役割を果たす理論的根拠は、「私の権利は他の人の権利が生じる所に停止する」という長い歳月を経た法律にそのルーツがあるようだ。最高裁判所は、種々の裁判で、いかなる者も他の人の名誉の権利を侮辱、棄損する行為を許さないと一貫して判決してきた。

名誉棄損の法律は広く二つの面が見られる。一つは文書による名誉棄損で、（写真や書いた物で）害を及ぼす内容の表現があり、それを永久不変のものにする。そして、二つ目は、一過性の中傷で、話し言葉や身ぶりでわかるものである。

インドで名誉棄損は、犯罪、あるいは不法行為のどちらかに分類される。

第四九九項の下で、名誉棄損の定義は十の除外条項に従わなければならない。第五〇〇項は犯罪に対し二年間までの投獄を規定している。犯罪は裁判管轄権内になく、犯罪者は令状だけで拘置される。

インドの憲法は　人間の尊厳を守り、支持しようとする。信望を得る権利は、憲法で保証される権利であり、国の法律で約束される他の人の尊厳を守る行為の部類に入る。名誉に対する権利は、資産として監視されるが、有形の財産ほど簡単でない。それは社会的、地域的な価値を含み、金銭では秤《はかり》にかけることができない。名誉毀損は実際の肉体的損傷と同じく痛みを伴う、あるいは、それ以上である場合が多い。他の犯罪と異なり、侮辱や噂は追跡・把握できる証拠を残さないが、肉体的危害、それ以上でないとしても、同じ害を及ぼす。そうした状況で、名誉毀損の法律の合法化は可能だろうか。名誉を傷つけることや侮辱を金で償うことができるのか、それで満足できるのか。

インドで、名誉毀損は一八三七年にマコーレー卿*が立法化した考え方だった。名誉毀損の法律は、最初は、英国のインド統治とその士官を危害から守るために作り出された。名誉毀損の罪はその時代には植民者の手中にあり、彼らの利益を手助けし、扇動するための道具だった。それは植民者達の利益にならないインド人のすべての活動を取り押さえるために使われる罠だった。反英ではないかと疑う集会やパンフレット、活動はすべて法律で審理され、冷酷に罰せられた。

＊訳注　〔一八〇〇～五九年〕Thomas Babington Macaulay　英国の歴史家・政治家・インド帝国最高会議法律顧問〔一八三四～三八年〕。

始まりは決してりっぱでないにもかかわらず、名誉毀損の法律は、一九四八年の独立後の新しい自由なインドにおいても役目を与えられた。しかし、それは別の疑問が生まれる。新たなインド共和国の利益がその国民の利益と矛盾していない場合、名誉毀損の法律は違法とならないのだろうか。

インドで名誉毀損は民事、あるいは刑事上の意味があるが、それを規制する法律は状況に関係なく同じである。原告は申し立てで信望が害されたことの立証を要求される。名誉を傷つけられることがあったと証明されると、事件が第四九九条で規定される十の除外条項の一つで守られると証明するのは被告人側にある。

除外条項は範囲が広く、事実の発言、公共の利益、善意の意見を含むものまで適用される。このような例外条項にもかかわらず、インド憲法で守られる言論と表現の自由は名誉毀損から守られることも含め、妥当な制限を受けることも心に留めておくのが賢明である。

国際法＊は名誉毀損を一般人民に対する不法行為として認めている。世界人権宣言＊＊第十二条で、何人も人の名誉や評判を非難すべきでないとはっきり規定している。

＊訳注　国家間の明示的または黙示的な合意に基づいて主として国家間の関係を規定する法。条約および国際慣習法から成る。

＊＊訳注　人権に関する世界宣言。一九四八年十二月国連で採択された三十カ条の人権宣言。

次に述べる二つの事件は、名誉毀損の法律の限界を明らかにし、言論や表現の自由の権利、それが度を越え、犯罪行為になる過程を表している。名誉毀損の問題から起った南インドの女優クシュブ＊の事件は、言論の自由、合法性対憲法で規定された道徳性、その他の多数の直接・間接的な関連問題に関する画期的事件の判決としてきわ立っている。

＊訳注　インド南部タミル・ナードゥ州の州都チェンナイ（旧称マドラス）在住。

クシュブ対カニアマル

言論と表現の自由という基本的な権利を行使したために、しばしば刑事機関に投げ出され、「多数決主義者の意見」に反対を唱えたことで人が非難され、道徳のことになると非常に不寛容になる国で、クシュブ対カニアマルの事件は例外的なこととして突出している。罪のある名誉棄損と道徳が併記されることに私は弁護士としてよく不思議に思う。私はこの事件で光栄にも女優の弁護を引き受けたので、一般に知られているより問題をじかに深く学ぶ機会があった。道徳は主観的な概念であり、道徳的でないことでも、他の人や集団にとっては道徳的であるかもしれない。最も有力な一つの集団が道徳的でないと考えることがみんなの規範にならないし、法律で罪とはならない。

成人した女性は好きな相手と結婚し、生活を共にする自由がある。「ラタ・シン対ウッタル・プラデーシュ州政府ともう一人」*で、最高裁判所は二人の成人が同意し一緒に住む関係はいかなる罪にも問われないと判決を下した。** 法律と道徳の間には違いがあり、不道徳であると思われる事でも、合法の場合もある。

＊訳注　訴訟事件で実名を言わない時に用いる。

＊＊訳注　二〇〇六年判決。女性は両親をなくし兄と暮らしていたが、自分の意思で家を出て、結婚し子供も誕生した。相手の男性は異なるカーストで、女性の兄弟はこの結婚を認めず、誘拐されたと訴えるなど嫌がらせを続けた。

道徳の監視や道徳的規範を人々に押し付けるために裁判所があるのではない。婚姻外で誰かと暮らすのを望もうと、慣例による合法的結婚関係を望もうと、選択するのは人である。シュレヤ・シンガル対インド連合のような事件は、「法律が市民に十分な準備期間を与えるための予告」をしなければならない、言い換えれば、分別のある人はある種の行為は禁じられているということを知るべきであるということを判示している。これについて合衆国最高裁判所の前判事オリバー・ウェンデル・ホームズ・ジュニア*の重要な一八九七年の論文『法の道』に非常によく要約されている。すなわち、「ヘンリー四世**の時に法の支配***が制定されたのが一番よい理由であるというのは不快である。それが制定された理由がずっと前からなくなり、支配だけがただ過去の盲目的な模倣から存在しているならもっと不快である」。

*訳注　一八四一〜一九三五年。

**訳注　一三六七〜一四一三年。ランカスター朝最初のイングランド国王〔在位一三九九〜一四一三年〕。相次ぐ諸侯の反乱に苦しめられた。

***訳注　統治する者も、統治される者も法に従うべきであるとする原理。

事件の発端となる出来事が雑誌『インディア・トゥデイ』*がインドの大都市に居住する人々の性的な習慣について調査を行った二〇〇五年九月に起った。議論された問題の一つが婚前交渉についてだった。社会の種々な階層から意見が集められた。南インドの女優クシュブも問題について考え、婚前交渉は増加現象にあると言った。「私の見解では、セックスは体に関係するだけでなく、意識と関係しています……私達の社会では、結婚の際、女性は処女でなければならないという考えから脱すべきです……しかし女性は性的関係を持つときに、妊娠しないように、性病にかからないように自分の身を守らなければなりません」

＊訳注　英語で書かれているインドの雑誌。

この言葉がタミル語[*]の日刊新聞『ディナ・タンティ[**]』に掲載され、その問題についてさまざまな注意を集めた。女優は強く自己弁護をして語った。「私のインタビューに抗議する人は、どの文化について話しているのでしょうか。タミル・ナードゥ州でセックスについて知らない人がいるのでしょうか。エイズを知らない人がいるのでしょうか。結婚前にセックスをしない男性や女性が何人いるでしょうか。なぜ人は結婚後に夫と妻が互いに誠実・貞節であるべきだと言っているのでしょうか。間違いを犯さないように、相手を信頼すべきです。妻の知らないうちに夫が、あるいは夫の知らないうちに妻が、〔どちらかが〕他の人とセックスをすれば、それが病気の原因になれば、二人に影響することになり、子供にも影響します」

＊訳注　インドの公用語の一つ。南インドのタミル・ナードゥ州やスリランカの北東部で話されている。タミル人の移民先のシンガポールやマレーシアなどにも話し手がいる。

＊＊訳注　タミル・ナードゥ州マドゥライで一九四二年に設立された日刊新聞。インド全土十六都市で

印刷され、国際版がドバイで印刷されている。インドで九番目に大きい新聞。

この言葉の反響は、インド刑法の第四九九条、第五〇〇条、第五〇九条、第一五三条―Aと第二九二条で、また、さまざまな異なる裁判権内で、「女性のわいせつな表現禁止法*（一九八六年）第四条と第六条と共に、女優に二十一件もの告訴が提起されたのを見ても明らかだった。不名誉なことに、クシュブはいくつかの広い地域に渡ってある各地の裁判所をたらい回しにされて、走らされた。クシュブはこのひっきりなしの告発から猶予を求めて、これらの告訴を無効にしようとマドラス高等裁判所に訴えた。高等裁判所は、これが政治的虐待問題だとはっきり指摘したが、介入を拒否し、首席治安判事にすべての告訴を同時に処理するように命じた。高等裁判所の判断は、社会の多くの人達が今日、強く抵抗する正に家父長的支配を反映したものである。裁判所は女優が八学年**までの教育しかなく、映画の知識以外の世界観がなく、決して性科学の専門家であり得ないと述べて続けた。

*訳注　一九八六年十二月、インドの国会で制定された。広告・出版物・文書・絵画・図形その他の方法により、またはこれに付随する事項において女性のわいせつな表現の禁止。当時あったジャンムー・カシュミール州〔現在は州ではなく、ジャンムー・カシュミールとラダックに分けられ、それぞれは連邦直轄領〕を除きインド全土に適応。

**訳注　日本の中学三年生にあたる。

インドで純潔と愛ははっきり規制されている。そのため女性達は社会で高い地位を与えられ、男性は法律的な手段、結婚によってしか普通は女性に近づけない。愛と純潔が暗黙に奨励されるが、規制されない他の状況では女性の地位は、彼女達の男性の自由裁量と保護の下に置かれるというまったくわずらわしいものになる。この二つの状況のどちらが愛と純潔を増すだろうかと人は思うかもしれない。ついでながら、原告がむやみに称賛するいわゆる開放的、寛容な社会が、その事実により、深い、強い愛情関係を助長することができないのは注目に値する。そうした状態は、つかの間、肉欲的快楽にふけるということでないにしても、一時の男女関係を求める過程で次第にきまぐれと戯れにつながる。

非常に若い年齢でデートが始まり、社会的に適応能力のあるすべての若者はある年齢までに数人のガールフレンドやボーイフレンドを持つことが当然のこととして期待される。そこでは学校に通う子供達のコンドーム使用が普通の現象になっている。このように、西洋で成長する人達は、微妙な、あるいは微妙でない方法でセックスに慣らされる。そのため、多くの西洋人にとってセックスが恋人同士に快いことであれば、価値がある。西洋で異性は、わずらわしさや退屈が続く一人暮らしをするより、互いの愛が感じられ、心がやすらぐ楽しい同棲生活を好む。彼らは人生を楽しもうとしている。それに対してインド社会でセックスは結婚を通してのみ望ましいと考えられている。人は結婚生活に入ると、夫婦の関係が死後も、霊魂の世界でも続くようにと祈願する。道徳的・倫理的な考え方で強化された社会的な状況が批判されると、感情的で由々しい逆の敵対的な影響を与える。

この後、クシュブと彼女の弁護士達は私に話をもちかけ最高裁判所に提訴した。最高裁判所が告訴を破棄するのはまれな事件である。声高な議論の後に最高裁判所は、クシュブの考え方や意見がインド刑法の第四九九条の名誉毀損に当らないと判決した。

騒動の一部始終は、一般的な考え方に一致しない意見に私達が寛容でいられるかどうかを問うているために、この事を考察してみる事が重要である。結婚前のセックスが増加しているから社会的に認められるべきであると言っただけで、言論や表現の自由の保護を越えているという理由で批判された。実際、それは中傷で、個人の自由の領域を干渉するものであり、女性やそれとわかる女性団体を侮辱するものだった。

事の起りは、婚前交渉の社会的容認についてであり、それに不賛成の反感であった。婚前交渉を社会的に受け入れるかどうかについて、最高裁判所は、審議後、私達の社会の大多数が相手との性的接触を制限するのは事実であるが、(不義を例外とし)合意の性的関係が結婚は別にして罪になると制定法で定められてはいないと結論を下した。裁判所は論争の内容が社会的に婚前交渉を受諾しうるかどうかの問題になっておらず、女優の発言に対して人々が不釣り合いな反応を示したことを懸念した。

クシュブには原告の信望を損なう意図もなく、彼女の発言から実際に危害が及んだとも認められないと判断された。彼女はタミル・ナードゥ州のすべての女性が婚前交渉をしているとは言っておらず、その時、婚前交渉が社会でどう見られるか語ったにすぎなかった。

クシュブの裁判は多数決主義者の全体主義の顔を浮かび上がらせただけでなく、司法組織の理性のある人達への信頼を守ることにもなった。

インド憲法第十九条（一）（a）で保護される思想の不可侵性を支持するB・S・チョウハン最高裁判所判事が言い渡した判決は次のようである。

「たとえ憲法で規定された言論や表現の自由が絶対的でなく、『品位や特性』……のような理由で妥当な制限を受けるにしても……社会文化的な場所で不評なある特定の考え方に寛容であることが必要だと強く言わなければならない。……それが社会的な考え方になるとき、開かれた話合いのできる文化を広めていくことも必要である」

この事件は、最初の告訴人達が主張する制定法で違法と定められた罪には当たらないと裁判所ははっきり述べた。名誉毀損罪は、被疑者が特定の人の信用と人望を害する意図がなければならない、あるいは彼、彼女の行為がそのような害を及ぼすのを知っていなければならない。女優に告訴人達の信望を害する意図がないのは明白だったので、犯意も犯罪行為も見つからなかった。

裁判所はこうも述べた。「上訴人の考えが特に誰かの評判を傷つけると推測するのは困難である。『ディナ・タンティ』に掲載された発言を引合いに出しても……特に誰かの評判を直に傷つけるものではない……これらの発言をそっくりそのまま考えてみても、タミル・ナードゥ州の女性全部が婚前交渉をしたと言っている箇所はどこにもなかった……明らかに告訴人達が上訴人の言葉を読みすぎの事件である」

女優への嫌がらせが明白だったので、最高裁判所は告訴人達の最初の申し立てが悪意のあるものと考え、刑法組織の乱用を防ぐために、将来、罪を考慮に入れる前に、治安判事が申立ての調査を命ずる法令で定められた権限を使うべきだと述べた。

この事件はマスコミ機関全体が同棲関係の道徳性について議論を始めるきっかけにもなった。私達の社会では同棲関係の存在が理解し難い。クシュブはタミル・ナードゥ州などインド南部の地域で熱烈な映画ファンによって彼女の名前をつけた寺院が複数建てられているほど崇められている女優である。そのような彼女が自分の立場をあからさまに言葉に表し、正当化したので事態が悪化した。私は個人的には同棲関係を選ばない。その関係を一時的で不安定だと思うが、自分の認識・意見を持つクシュブの権利を支持していた。多くの人の怒りをかったが、彼女の発言は本当のことで、それを述べただけだった。クシュブ自身は幸せな結婚をしていて二人の子供もいたのでそれは彼女の意見であった。最高裁判所が家父長的な考えをしないで、自由な意見や考えの助けになってくれるのを見て元気づけられた。

裁判中に興味深い発言が述べられた。「何の罪で、第何条に当るのか言って下さい。一緒に暮らすのは生活する権利です」と裁判官が尋ねる場面もあった。

クシュブが支持する政党のライバルの政党の党員達が訴訟のほとんどを起していて、道徳―政治問題に論争を変えてしまっていた事実にも裁判官は気がついていた。

現実を直視し、トランプのスペードをスペードと言う、自分の意見をはっきり言える勇気があるクシュブを私はとても尊敬している。

スブラマニアン・スワーミー対インド連合*

名誉毀損の法律が人いじめの訴訟に使われたクシュブ事件を考えると、法律が迫害の手段や自由な思想家を困らせる道具になっているなら、なぜインドの立法機関は犯罪の源を提供し続けているのだろうか。

＊第8章の訳注参照。

この疑問に対する答えはスブラマニアン・スワーミー対インド連合の最近の判決にある。そこで最高裁判所は名誉毀損の法律が犯罪になる性質と、なぜその法律が今日まで続いて存在するのか広範囲に研究していた。

この事件の訴状は、関連があるとしてインド刑法の第四九九条と第五〇〇条の合憲的有効性を、刑事訴追のおどしに束縛された言論の自由であり、過去の遺物、植民地時代の象徴と呼び、異議を唱えた。

裁判は「名誉」についての見解を論じるところから始まった。いくつかの過去の裁判を参照にして、「名誉」を次のように定義した。

名誉とは、基本的に人にその家柄を誇りに感じさせ、満足して子孫に相続財産の一部として残す複数の美徳の光栄に満ちた混合物であり、統合である。名誉はそれ自体で高い価値がある。名誉のためには誠実な人であればどのようなお膳立てをされても決して交換することがない、海の全部の真珠でも価値があるとみなさないものである。上述の美徳は水平と垂直な特質がある。名誉が傷つけられると、人は半死半生になる。名誉は踏みにじられた人も特権を与えられた人にとっても同じように守るに値するものである。その品性は時の経過で損なわれない美点である。人生で大切なものであり、場合によっては人生よりも大切であると言える。このような理由で、名誉は憲法第二十一条から切り離すことができない。誰も名誉を傷つけられることを望まない。名誉は評判というよりも敬意と考えられる。

裁判所はそれから言論と表現の自由の本質と名誉の本質を比較して、四つの点を挙げた。

一　名誉毀損は民事訴訟で、刑事訴訟を含まない。

二　名誉毀損が実際は犯罪を含んでいると考えられても、「犯罪の動機」と関連して理解する必要がある。そこでは「仲間を見れば本人を知る」の原理の適応が要求される。あいまいな言葉の意味は文脈と関連づけ、言葉をよく考えて決定する必要がある。

三　インド憲法第十九条（二）の意図は、一般的法律救済策*の中で扱い、その範囲で個人による普通法**で訴訟要件を満たす要求をしないことである。

四　個人の名誉の毀損は基本的権利とは考えられない。そのためにインド憲法第十九条（二）にある犯罪的な名誉毀損の申し立てはできない。

＊訳注　公法。国民全体に適応される法律。

＊＊訳注　英国に発達した判例法で特に非成文法的慣習法。

名誉毀損が実際は、民事か刑事かを判断するために、判例法*に頼り、名誉毀損に「制限的な意味」を与えることができないと考えられた。裁判所は、名誉毀損による危害が個人にだけ限定されるのか、全体として社会にまで及ぶのかという問題に直面してはっきり述べた。

*訳注　判決の蓄積により形成された法体系。

個人が共同体を構成し、法律は社会の利益を守るために制定される。名誉毀損の法律は、社会全般の認識では、それぞれ個人の信望を保護するものである。名誉毀損は社会から見て、個人にとっての問題である。個人の権利の保護は、国家の社会的安定には避けられないし、国が犯罪に関係した法律を作る理由である。犯罪は社会に影響を及ぼす。犯罪は害を及ぼし、社会的調和を損なう。私達が社会について話をするとき、抽象的な考え、あるいは抽象的思考ではない。個人の権利と社会の間にはつながりがある。このつながりが社会的関心を生む。それは明白な現象である。その結果、害が個人に及ぶと、全体として社会が影響を受け、危険だとわかる。

裁判所は社会全体への影響について犯罪の概念を分析しこのように述べた。「名誉毀損を犯罪と考えることは、社会の利益になり得ない。その結果、いかなる社会的利益にも役立たない。もしくは集団的価値が根底にない」

名誉毀損は、インド刑法第四九九条の下で罪として表されていると力説された。そしてそこで彼、又は彼女自身の目から見た個人の信望を守っていて、主観的であり、それゆえ、公共の利益のレベルに達し得ない。したがって、裁判所は法廷に提訴された苦情の解決にあたり、第四九九条の下で、名誉毀損の行為が過度でないこと、公共の利益、任意性がないことの証明に耐えるかどうか精査することが要求された。

最高裁判所は、名誉毀損の法律に関する犯罪的特徴の憲法上の合法性を支持して、疑問に答え述べた。「ゆえに、最終的な結論では、基本的権利のバランスを取る方針を採ると、犯罪的罪としての名誉毀損の存在は、インド憲法第十九条（二）の範囲を越えない、特に、『名誉毀損』という言葉が憲法の中で使用されるときは、ということを私達は考える」

裁判所は、憲法上の重要性と、憲法で規定される前の名誉毀損の法律を廃止しない政府の決定を考えて、裁判所に繰り返されるように、犯罪的な名誉毀損の存在が、言論と表現の自由の範囲からまったく取り除かれるかどうか最終的結論に達するのは難しいと結論を下した。「規定のように、それはいかなる憲法の条項にも不賛成を招かないし、その存在が不当な制限と見なされるものではない」

裁判所は、インド刑法第四九九条を詳しく検討し、主な規定や意味、除外規定もわずかなあいまいさもないと結論を出した。

申立人の論点は、第四九九条は均衡の原則を無効にするというものだった。裁判所はこれを却下し、犯罪的名誉毀損は原則を妨げるものではないし、同時に、適正さの基準も満たしていると判決した。

判決は人々のさまざまな発言の場で批判を受けたが、私は判決の中心に健全な法的原則があるという個人的意見を持っている。信望が命より価値があると思われることが多いインドのような国で、名誉毀損を処罰の対象から外すことは、与える害の深刻さを弱めることになる。この根底には、名誉は金銭で弁償できないという考えがあり、それは社会の大多数の人々が共通して持つ考えである。立法府は名誉毀損を違法行為として維持することで、賢明にもこの考えを擁護している。

しかしながら、言論と表現の自由が建設的な方法で発揮されるべきであるのは疑う余地もない。予想される理性のある制限は、インドの市民に与えられたこの重要な権利が確実に誤用されない、嫌がらせや報復の手段にならないようにしている。

第11章　暗殺されたインドの政治指導者達

マハトマ・ガンディー／ラリット・ナラヤン・ミシュラ／インディラ・ネルー・ガンディー／ラジヴ・ガンディー／ビーアント・シン

政治的暗殺という考えは民主主義の考えと正反対のものである。国を運営する特定の考えやイデオロギーを表明する人物を選出する前提は、政治的理由やイデオロギーの対立でこうした指導者が暴力の攻撃目標になる時にくつがえされる。

「暗殺」という言葉は目立った有名人、たいていは政治指導者や支配者の殺害として一般的に理解され、残念ながら、昔からある考えである。暗殺の実例は統治制度そのものと同じくらい古くからあり、古代エジプトにさかのぼることができる。その長く、暗い歴史の中で暗殺は、子殺し、父殺しや母殺し、そして政党指導者、思想家、哲学者の殺害の形となって現れてきた。殺害はしばしば支配者を生み出し、王朝を変え、こうした殺人は「感謝の印」として、無情な支配からの解放、圧政からの自由として、勝利者の言葉で、勝利者に有利に書き直される。

私達はみんな異なる理想を持ち、思い思いの派閥と結びつけて考え、相反する意見をけなし、軽視しがちである。このような違う考えに対する不寛容は、さまざまな方法となってはっきりと示されるが、暗殺は不寛容の最悪の形であり、力を狂信的に誇示する目的でしばしば使われる。暗殺は、力を証明し、一つの党派が他より良いと証明し、時々、指導者への復讐、暗殺者達が指導者にしてほしくないことをさせないために、「我々はお前より強い」というメッセージを送る。インド独立前と後の主要な違いは、前には政治的な検閲の手段としての政治的暗殺が頻繁に起らなかったことである。事実、大抵の暗殺は、過激な分離主義者や、離脱派グループか反乱によって実行された。

私達の国が一番大きなショックを受けたのは、独立してから一年もたっていない時に、[*]狂信的な過激テロリストによる「インド建国の父」マハトマ・ガンディーの暗殺に対処しなければならなかった事だった。マハトマ・ガンディーはタタ財閥と並ぶ有名なビルラー財閥の創立者で、財政的に彼を支援していたビルラーの屋敷で、礼拝場へ向かう途中で、ナートゥラーム・ゴードセー[**]に小型自動ピストルで至近距離から撃たれた。ゴードセーはインド独立を達成する過程で生じたインド・パキスタン分離独立がマハトマ・ガンディーに責任があると考えたと言われる。[***]ガンディーは極度に清らかな、汚れのない目的を持つ聖者のように考えられていたので、彼の暗殺は衝撃を与えた。そして、「アヒンサー****の提唱者を殺したいと誰が思うだろうか」と人々は疑問を持った。

*訳注　一九四七年八月十五日にイギリスよりインド独立。インドからパキスタンが分離独立した。一九四八年一月三十日の夕方、ガンディーは暗殺された。

**訳注　ヒンドゥー教右派の、国粋団体の熱狂的な一員。

***訳注　ゴードセーは、ガンディーがヒンドゥー教徒とイスラム教徒を融和させようとしたことや、イスラム教徒に寛大であったこと、不可触民への差別をなくそうとしていたことを、「正統派ヒンドゥー教徒への裏切り」だと不満を持っていた。

****訳注　不殺生・非暴力。インドの全宗教、特にジャイナ教の重んずる徳目で、マハトマ・ガンディーの政治理念。

だが再び、国が全国的な抗議、高いインフレ率、失業に取り組んでいた一九七五年に、当時の鉄道大臣ラリット・ナラヤン・ミシュラが、ブロードケージ鉄道線の開通式の最中にサマスティプル駅で暗殺された。事実審裁判所は暗殺の動機は政府に圧力をかけて、殺人の罪で逮捕されていた「アナンダ・マルガ*」の指導者を釈放させることだった。事件の裁判は、起訴された四人に有罪判決が下り、二〇一四年十二月八日にやっと終った。これは証拠の不正工作が行われなかったことを証明するために国外に持ち出された初めての事件だった。

＊訳注　「至福の道」の意味。至福の道を伝えるための組織。インド鉄道の事務員だったプラバット・ランジャン・サルカールがビハール州ジャマルプールで一九五五年に設立。グローバルな組織。

だが、全国民の道義心を揺さぶられた事件は、当時の首相インディラ・ネルー・ガンディー*の暗殺だった。一九八四年に現職の首相ガンディー夫人が正に彼女を護衛する任務の男達に殺害された。十月三十一日の朝、パンジャーブ州地域の交戦的活動の根源に一撃を加える目的の忌まわしい行動、アムリッツァルのゴールデン・テンプルに隠れていた過激派分子に攻撃が行われたインド陸軍のブルースター作戦**の報復のため、自身のボディーガードの二人***に撃たれた。

＊訳注　〔一九一七―八四〕インドの政治家。インド初代首相ネルーの一人娘。八十年に政権に返り咲くが〔一九六六―七七年は第五代首相、一九八〇―八四は第八代首相〕、パンジャーブの分離主義過激派鎮圧ブルースター作戦に反発したシク教徒のボディーガードに一九八四年十月三十一日〔六十六歳で没〕に暗殺された。息子にインド第九代首相を務めたラジヴ・ガンディー〔一九四四―九一〕後出、及び自ら操縦の飛行機墜落事故で死亡のサンジャイ・ガンディー〔一九四六―一九八〇〕がいる。夫はインドの政治家&ジャーナリストであり、パルシー教徒のフェロゼ・ガンディー〔一九一二―六〇〕。

＊＊訳注　前出インディラ・ガンディーの注も参照。シク教過激派はインドのパンジャーブ州アムリッツァルにあるシク教総本山ゴールデン・テンプル〔黄金寺院〕にたてこもり、一九八四年六月一日、武装勢力との交渉に失敗した後、六月三日にインディラ・ガンディー首相は軍にブルースター作戦を

次男サンジャイを亡くしたばかりの時で白いサリーを身に着けているインディラ・ガンディー首相と訳者（右側）（訳者提供）

開始するように命じた。シク教徒自治権拡大運動の過激派鎮圧にあたった政府軍による三日間の戦闘で寺院は破壊されたが、その後、政府により修復。

＊＊＊訳注　暗殺者は共にシク教徒で、一人は射殺され、他の一人は殺人罪で有罪判決を受けた後に絞首刑にされた。ブルースター作戦後、暗殺の恐れがあると、情報局によりシク教徒は彼女の個人的ボディーガードから外されていたが、ガンディー首相自らが希望したものだった。ガンディーの死に対する抗議は、その後の四日間の反シク暴動によって何千人ものシク教徒が報復的暴力で殺害された。

訳者もその惨劇跡を見て回った。

一九九一年、インディラの政治的後継者、長男ラジヴ・ガンディー*が総選挙のために遊説中に暗殺された。ラジヴ・ガンディーが一九八七年にスリランカ**にインド平和維持部隊を派遣したため、過激派組織「タミル・イーラム解放の虎」***（LTTE）に所属する自爆テロリストが挨拶のために近寄り、彼女の衣服の下に隠した高性能爆薬を爆発させ殺害した。一九九五年にはもう一件、異なる政治的指導者、当時のパンジャーブ州の州首相ビーアント・シンがチャンディーガルの事務局複合施設で自動車が爆発し、カリスタン****分離主義者の容疑者に暗殺された。私はこの章でラジヴ・ガンディー暗殺事件とそれに続いた裁判を詳述する。

*訳注　母親インディラ・ガンディー首相が暗殺された直後、四十歳で最年少のインド首相〔第九代〕に就任。同年十二月の連邦下院議員総選挙で国民会議派を圧倒的勝利に導いた。その後、ボフォース事件〔スウェーデンからの兵器購入に関する贈収賄〕のスキャンダルなどでクリーンなイメージを傷つけ苦境に立ち、八九年十一月の総選挙で大敗、国民戦線に政権を譲る。次の総選挙のためにインド南部の州を遊説中、一九九一年五月二十一日にタミル・ナードゥ州で爆弾テロにより暗殺された。彼はインドで教育を受けた後、英国のケンブリッジ大学で機械工学を学び、インド国内航空のパイロットをしていた。一九八〇年、インディラの後継者と目されていた弟サンジェイが事故死したため、政界入りを余儀なくされた。一九八一年に連邦下院議員に当選、国民会議派の筆頭幹事長になった。

**訳注　正式には、スリランカ民主社会主義共和国。人口約二、一〇三万人〔二〇一六年〕。民族はシンハラ人〔七四・九％〕、タミル人〔一五・三％〕、スリランカ・ムーア人〔九・三％〕。公用語は一九五六年にシンハラ語のみとされたが、一九八七年にシンハラ語とタミル語が公用語と規定された。

＊＊訳注　「イーラム」はスリランカを意味するタミル語。スリランカ北部と東部にタミル人国家「タミル・イーラム」の樹立を目的に設立された武装組織である。一九八三年から政府軍との間で本格的な戦闘を展開し、一時は北東部の広範囲にわたる地域を支配下に置いた。大規模自爆テロ、政府要人暗殺、軍基地空爆などを実行。二〇〇九年五月には最高指導者V・プラヴァカラム議長や主要幹部が死亡するなどし、スリランカ国内の組織は壊滅状態となった。

＊＊＊訳注　インドからの分離独立を求めるシク教徒過激派がインド北西部に樹立しようとしている独立国家。

ラジヴ・ガンディーの暗殺

インドは多様な国である。私達はたいていそれを誇りにしているが、正反対の見方では、醜い現実を引き起こす。国家として私達はカシュミール[*]から南インドまで国のさまざまな地域での交戦状態に取り組んできた。

＊訳注　一九四七年以来インド・パキスタン・中国による係争地。北西部はパキスタンのアーザード・カシュミール、東部は中国、残りはインドのジャンムー・カシュミール〔JK〕州であったが、インド政府は二〇一九年八月六日に、十月三十一日から同州の自治権を剥奪し、JK州をJKとラダック

の二つの連邦直轄領にすると発表。

ラジヴ・ガンディーを暗殺する計画を立てたのはタミル・イーラム解放の虎だった。V・プラヴァカラムの指導の下、一九七六年にタミル・イーラム解放の虎が設立された。結局、運動は反体制のものとなり、スリランカ政府は組織の活動を抑制するために厳しい手段を採用した。政府とタミル・イーラム解放の虎の活動家たちとの間に一連の衝突が起った。スリランカでの内戦を終らせるために、当時のインド首相ラジヴ・ガンディーは一九八七年七月二十九日にインド・スリランカ平和協定に署名した。タミル・イーラム解放の虎もこの協定に署名した。この協定の結果、インド政府はタミル・イーラム解放の虎に武装解除させるためにスリランカにインド平和維持軍を送った。インド平和維持軍がスリランカでタミル人に残虐行為を犯したと、そしてインド政府はタミル・イーラム解放の虎と協力しなかったと言われている。インド平和維持軍は最終的に一九九〇年に完全撤退した。一九九一年の総選挙の前にラジヴ・ガンディーは、インタビューで、もし自分が政権に復帰すれば、タミル・イーラム解放の虎を武装解除させるためにスリランカにインド平和維持軍を再び送ると報道陣に語った。これがタミル・イーラム解放の虎を激怒させ、報復に、ラジヴ・ガンディーの暗殺計画を立てた。

タミル・イーラム解放の虎は、ラジヴ・ガンディーを暗殺する事になったとしても、彼が権力を取り戻すのだけは阻止しようと決めた。再び首相になれば、警護ももっと厳しくなり、攻撃はほぼ不可能になると気がついた。彼の警備状態が野党の指導者に対するものであり、次の総選挙の遊説中であれば、無防備状態になるので、彼らはこの時に攻撃しようと決定した。ラジヴ・ガンディーがタミル・ナードゥ州スリペルンブドゥール*での選挙集会に午後十時頃に到着した一九九一年五月二十一日に、極悪な陰謀が実行に移された。ラジヴ・ガンディーは彼を花輪で飾ろうとする人々に囲まれていた。勤務中の女性副検査官アンスヤ・クマリは、タミル・イーラム解放の虎の秘密の決死隊メンバーであるダヌと呼ばれる女性がラジヴに近寄るのを止めようとした。アンスヤは暗殺者をもう少しで逮捕するところだったが、彼女によると、ラジヴがそれを阻止した。彼はみんなが会う機会を得ることを望んでいたのだ。ダヌはラジヴ・ガンディーの足に触れて挨拶をしようとする素振りで身をかがめた。ラジヴも彼女の体を起そうと、同じように身をかがめた。ちょうどその時、ダヌが腰の周りに固定し、衣服の下に隠していたバッテリー動作システムの強力なサイクロナイト爆発物を積んだベルトを爆発させた。**恐ろしい場面を写真に撮るためにタミル・イーラム解放の虎に雇われた写真家、ハリハブと一緒に彼女は爆死した。ラジヴ・ガンディーは九人の警察官を含む十五人と共に命を失った。***他の四十三人が負傷した。

*訳注　州都チェンナイ首都圏内にある町。

**訳注　彼女は当時十七歳だったと言われる。

＊＊＊訳注　彼はこの時、四十六歳だった。

テロ及び破壊活動（予防）法、インド刑法、一九五九年武器法、一九三三年インド無線電信法、一九四六年外国人法、一九〇八年爆発物法と一九六七年パスポート法の下、陰謀の告訴がされ、四十一人全員に対し陰謀の罪が着せられた。そのうち十二人はすでに死亡や自殺をし、三人は姿をくらました。残りの二十六人はテロ及び破壊活動（防止）法特別裁判所で裁判を受けた。S・ナリニ、T・ステンドララジャ（別名サンタン）そしてスリハラン（別名ムルガン）は被告人一番、二番、三番となった。

被告人達に全部で二十五の罪が着せられた。テロ及び破壊活動（防止）法の第十五条により、自白は、警視、特殊事件捜査係に委任された中央捜査局／特別保護グループにより記録された。特別法廷は全部で二十六人の被告人を有罪と決定し、全員に死刑を宣告した。特別法廷は罪人全員の死刑判決を確認のために最高裁判所に事件を委ねた。上訴で、最高裁判所はナリニ、サンタン、ムルガンの三人の死刑を正式に認めた。他方で、ロバート・パヤス（別名クマラリンガム）、S・ジャヤクマル（別名ジャヤクマラナンド）、P・ラヴィチャンドラン（別名ラヴィ）の三人は、終身刑に改められた。インド刑法第三〇二条の下で告発された他の有罪判決は無効にされた。最高裁判所はテロ及び破壊活動（防止）法の第三（三）、三（四）条と第五条でのすべての罪も無効にした。

最後の手段の裁判所であるアペックス裁判所は、行為が政府を威圧する目的がなく、当時ラジヴ・ガンディーも下院議員でもなく、警護を宣誓された身でもなかったので、テロ及び破壊活動（防止）法で、処罰の対象にならないと判決した。タミル・イーラム解放の虎の年長の指導者がラジヴ・ガンディーに個人的な反感を持っていて、それが影響しタミル・イーラム解放の虎の中核グループにラジヴ対する憎しみを興した。それは、申し立てによると、スリランカのインド平和維持軍が行った残虐行為とラジヴ・ガンディーが関係していたためである。

事件の罪に問われたナリニと他の被告人達は自白して、計画がどう実行され、誰が参加したか詳しく話した。最高裁判所のジレンマはこの自白をどう審理し、証拠としてどの程度認めるかであった。

テロ及び破壊活動（防止）法は、特にテロリストの活動を抑制するために制定された法律だった。この法律は極めて厳格であると考えられることも多く、インド証拠法（一八七二年）の一部である抑制と調査を無視することも時々あり、この法律を重視した。自白の問題では、証拠法は警察官に行われた自白は採用を認められないと命じているが、テロ及び破壊活動（防止）法は、そのような自白の証拠能力を正式に許可している。

テロ及び破壊活動（防止）法の第十五条が被告人の自白が自発的で根拠の確かなものであれば、仲間の被告人に対しても認められると述べる時、それは仲間の被告人に対する確かな証拠として受け取られることになる。自白の価値は証拠の正しい評価によって決められる。もし自白を仲間の被告人に対して使用するなら、慎重さの問題として、裁判所は証拠の価値の範囲内であるが、ある裏付け証拠を探すかもしれない。

最高裁判所はラジヴ・ガンディーの暗殺はテロリストの行為でなく、従って、テロ及び破壊活動（防止）法の第三条で罰することができないと主張した。政府打倒や、テロ活動をする意図がなかったからだ。たとえテロ及び破壊活動（防止）法が当面の問題に適用できなくても、裁判が同じことで起ったので、自白は価値があると裁判所は考えた。最高裁判所は次のように判決した。

テロ及び破壊活動（防止）法の第十五条に対して十二条の前記の含意はアーメド・ビラル*の事件で言及されていない。したがって、「有罪判決を下された上訴人の罪を扱う一方で、彼が言ったと考えられる自白を調べるのに疑問の余地はない。いわんや彼はテロ及び破壊活動（防止）法の下で罪を放免されたので、それに頼ることもない」という意見に私達は従うことはできない。正しい姿勢はテロ及び破壊活動（防止）法の十五条の下、正しく記録された自白は、たとえ被告人が裁判でテロ及び破壊活動（防止）法の下で罪を放免されたとしても、テロ及び破壊活動（防止）法の罪と共に審理される他の法律の下での他の罪について採用を認められることになる。

＊訳注　ポートランド・セブンと呼ばれるアメリカのオレゴン州ポートランド出身のイスラム教徒テロ

リスト集団の一員。

裁判所は一般の人々の先入観から切り離された事件の実体を分析し、テロ及び破壊活動（防止）法は事件に適応されないと判決した。適応される法律はインド刑法と判断し、テロ及び破壊活動（防止）法でなく、インド刑法で被告人達に有罪を宣告した。

裁判所は述べた。

私達は陰謀の目的がテロリストの行為や破壊活動を犯すものではないと述べたが、それにもかかわらず、前首相が国家のために行ったことで彼を殺害することは、被告人の異常な悪行であり、この国で犯された犯罪記録で前代未聞の行為であった。情け容赦ない手段で、ラジヴ・ガンディーだけでなく、共に他の人達が死亡し、多くの者が痛ましい負傷を負った。

最高裁判所が一か八かの事件に公正な判決を申し渡した事は、いかに深く法と憲法で規定された価値がインドに組み込まれているかを示している。インドの前首相が暗殺された事実は、法の規則の厳格さと準拠法*を決定するのに影響を与えなかったし、効果を減じなかった。

＊訳注　何らかの形で外国が係わる事件を渉外事件というが、準拠法とは、渉外的法律関係に適応され

る法として、国際私法によって指定される法をいう。

最近の論争

ナリニの死刑の判決は二〇〇〇年に、州閣僚の推薦とラジヴ・ガンディーの寡婦ソニア・ガンディー*の嘆願を基にタミル・ナードゥ州知事により終身刑に減刑された。

*訳注　イタリア生れ。英国ケンブリッジ大学に留学中にラジヴ・ガンディーと知り合い一九六八年に結婚した。

ラジヴ・ガンディー暗殺で死刑判決を受けていた三人も最高裁判所に嘆願書を提出した。裁判所は、シャトルガン・チャウハン事件*で規定された原則を繰り返して言い、遅れは死刑執行の手順を不公平、不合理で独断的、気まぐれにする、そしてそれによって憲法第二十一条で保証される手続き上の正当な手順に違反すると考えた。最高裁判所はこの重要な事件で、「合法的に死刑判決が下されるように、刑の執行も憲法の指示と調和し、憲法の原則に違反してはならない」と考えた。遅れが引き起す実際の苦しみをいっこうに気にせず、犠牲者の人間性を奪うような影響がそうした事件で考えられる。死刑の場合に長い遅れが、希望と絶望が交互にやって来て、被告

ソニア・ガンディーとインドから贈られた象の元飼育係、川口さんと訳者（1997年撮影。訳者提供）

人を精神的に苦しめる事実を考慮して、既決囚三人の死刑判決は、政府に認められた適切な減刑の適応を受け、彼らの残りの生涯を刑務所で過ごす禁固刑に変更された。

＊訳注　死刑判決が確認にされた後、死刑囚の家族がインドの知事と大統領に慈悲の嘆願書を提出したが、知事と大統領によって拒否された。請願者はこの拒絶を当局から知らされず、嘆願書を検討、決定するのに十二年という遅れが起った。裁判所は、過度の遅れは憲法二十一条の違反であり、拷問に当たるとし、死刑判決を終身刑にした。

物議はそこで終らなかった。当時のタミル・ナードゥ州首相ジャヤラリタ＊政府は、事件の全部で七人の囚人を釈放するよう勧告する手紙を二〇一四年に中央政府に宛てて書いた。中央政府の考えに関わりなく釈放を推し進めようとする州政府の威嚇だった。中央政府は最高裁判所に接触し、刑事訴訟法では中央政府だけが判決の減刑や、囚人を釈放する権限を与えられていると強く回答した。この問題は最高裁判所の憲法に忠実な裁判官に委ねられた。

＊訳注 〔一九四八―二〇一六〕一九九一年から亡くなる二〇一六年まで十四年間州首相を務めた。百本以上の映画に主演し「タミル映画の女王」と言われた元女優。

裁判官は、州政府には中央政府の意見を求める義務があると判定した。さらに、中央政府の意見は州政府の意見より第一に考えられ、減刑を認める決定は、熟知し、道理をわきまえ、公正でなければならないし、有罪が確認される前に、裁判所の裁判長の意見が求められる。裁判所は、死刑に代わる特別な刑罰のカテゴリーでは、裁判所の減刑を適用して終身刑か、あるいは十四年以上の刑で取って代わられるともはっきり述べた。

政治がらみの暗殺――グローバルな現象

モアブ人《びと》＊の王エグロン＊＊が紀元前一二〇〇年に玉座に座って刺殺されて以来ずっと、そして恐らくそれよりずっと前から、政治的指導者はさまざまな理由で殺されてきた。

＊訳注　ヨルダンと死海の東部、エドムの北、アンモンの南に住んでいた古代民族。

＊＊訳注　エリコ〔ヨルダン川西岸、死海に位置するオアシス町で、パレスチナの古都〕を占領し、イスラエル人は十八年間彼に仕えた。

政治がらみの暗殺の論理は、他の暴力とは異なっている。こうした事件では、ほとんど国が主要な関係者である。その結果として、野党の指導者が独裁的な制度や、政治的環境が反対者の出現の余地を与える弱い民主主義の中で攻撃目標にされがちであることは意外なことでない。

パキスタン人民党の前議長、ベナジル・ブットはパキスタンで最初の、現在まで唯一の女性首相[*]であり、パキスタン前首相ズルフィカール・アリ・ブット[**]の長女だった。二〇〇七年十二月二十七日にラワルピンディにあるリアカト・ナショナル・バーグ公園で翌二〇〇八年の総選挙に向けた集会で演説を終えた直後に暗殺された[***]。彼女の白い防弾車であるトヨタ・ランドクルーザーに乗ってから、自動車の一部開閉可能な屋根サンルーフから民衆に手を振って挨拶しようと立ち上がった。この瞬間にガンマンが彼女めがけて発砲した。続いて車近くで爆発物が爆破し、およそ二十人の人々が死亡した。ブットは重症を負い、病院に急いで運ばれ、そこで死亡が公表された。

＊訳注　首相に二度〔一九八八―九〇、九三―九六〕選任されたが汚職などを理由に解任された。

＊＊訳注　〔一九二八―七九〕パキスタンの大統領〔一九七一―七七〕、首相〔七三―七七〕。クーデターで失脚、処刑された。

＊＊＊訳注　再び首相に返り咲こうと亡命先から帰国し二カ月後のことだった。五十四歳没。

ジョン・F・ケネディーはアメリカ合衆国第三十五代大統領で、一九六一年から一九六三年の彼の死まで務めた。一般有権者が米国大統領選挙人を選ぶ一般投票で僅《きん》差で勝利し、ケネディーはアメリカで初めてのカトリック教徒の大統領になった。＊大統領に就任して一〇〇〇日もたっていない一九六三年十一月二十二日に、テキサス州ダラスで自動車パレードの最中に暗殺者の銃弾で殺害された。ケネディーは一番若く大統領になり、大統領として一番若く四十六歳で亡くなった。

＊訳注　アメリカの現在のジョー（ジョセフ）・バイデン第四十六代大統領は史上二人目となるカトリック教徒。

アメリカ人牧師で活動家、アフリカ系アメリカ人公民権運動の有名な指導者マーティン・ルーサー・キングは、アメリカの近代自由主義の歴史の中で国民的象徴である。＊一九六八年四月四日に彼がテネシー州メンフィスにあるモーテルの2階のバルコニーに立った時、銃声が鳴り響いた。銃弾が彼の右頰に当たり、あごを貫通し、脊髄を通って肩に留った。緊急の胸部手術の後、死亡が宣告された。キングの検死は、三十九歳の若さで亡くなったが、十三年間の公民権運動のストレスの結果であろうが、六十歳の男の心臓であったことが明らかにされた。彼が暗殺され、アメリカの一〇〇以上の都市で暴動が続いた。

＊訳注　一九六四年にノーベル平和賞受賞。

「誠実なエイブ」というニックネームのエイブラハム・リンカーンは一八六一年三月から一八六五年四月に暗殺されるまで第十六代アメリカ合衆国大統領だった。リンカーンの暗殺は、アメリカの南北戦争が終結しようとしていた一八六五年四月十四日の聖金曜日＊に起った。北ヴァージニア州の南部連合軍＊＊の総司令官ロバート・E・リー将軍が北部総司令官ユリシーズ・S・グラント＊＊＊中尉とポトマックの北部軍に降伏してから五日後にリンカーンは暗殺されたのである。リンカーンは暗殺された最初の大統領になった。それより三十年前の一八三五年にアンドリュー・ジャクソン第七代大統領の暗殺は未遂に終った。

＊訳注　復活祭の前の金曜日でキリストの十字架上の死を記念する日。

＊＊訳注　当時「テリトリー」と呼ばれた西部の準州地域における奴隷制度拡大への反対を掲げる北部共和党のエイブラハム・リンカーンが大統領になると、翌一八六一年、南部の十一州が合衆国から離脱、南部連合〔アメリカ連合〕を結成し北軍を攻撃し開戦となり、以後四年間、南軍が降伏するまで戦乱が続いた南北戦争〔一八六一—一八六五〕が起きた。

＊＊＊訳注　功績が認められ、戦後陸軍大将に昇進し、陸軍の最高司令官となる。これは第一代大統領

ジョージ・ワシントンに次ぐ二人目の栄誉だった。後に第十八代大統領に就任。

アイルランド民族主義者、カトリックのスポークスマン、ジャーナリスト、カナダ連邦の父トーマス・ダルシー・マクギーも同じ運命をたどった。一八六八年四月七日にマクギーは真夜中過ぎに行われた議会討議に参加した。それから滞在先の寄宿舎に帰り、女家主がドアを開けるのを待っている時、伝えられているところでは、パトリック・J・ウィーランに暗殺された。フェニアン団*団員の支持者でカトリック教徒のウィーランは、犯罪のため起訴された。裁判にかけられ有罪判決を下され、絞首刑に処せられた。

*訳注　一八五七年ニューヨークで結成されたイギリスからのアイルランド独立を目的とした米国・アイルランドの秘密結社。

§

政治がらみの暗殺を見てみると、なぜ他の手段でなく、特定の個人を殺害する事で、政治的変化を促すのだろうかという疑問が生じる。この点ではさまざまな意見がある。犯罪者はそういう暗殺が彼らの利益を促進する一番早い道だと信じているのかもしれない。もう一つの理由は、他の選択肢が実行不可能であるために、犯罪者に暗殺を考えさせるというものである。政治がらみの暗殺は犯罪者が課題を実現するために編み出す計画の唯一の活動の舞台なのかもしれない。正確な理由が何であれ、犯罪者は暗殺と、ある政策の推進、あるいは、妨害の間に因果関係を見ている。軽視できないのは暗殺の衝撃が非常に大きい事である。暗殺は正に国の土台を揺り動かし、国家の民主主義的な特質を低下させ、不安定を強めることになる。

今日の世界は、非常に変化しやすい。テレビやマスコミは私達の社会の激変を常に私達に思い起させる。今日の世界で共通の利害で、まとまって政治力を強める大国を中心にした国家集団の出現は以前よりも危険になりつつある。世界は猛烈なスピードで変化している。どんなに努力し、抑制しても私達が混乱状態に入り込んでいるのは明らかである。このような時代に、私達は、道を示してくれ、指示してくれる指導者や、選出された代表者に関心を向ける。私達や私達の指導者が犠牲者にならないよう守ってくれる、以前よりも強い政府が必要だと私は強く思う。

訳者あとがき

本書はピンキー・アナンドとガウリ・ゴブルドゥン（Pinky Anand and Gauri Goburdhun）著、TRIALS OF TRUTH : India's Landmark Criminal Cases, Penguin Random House India 2017を翻訳したものです。

インドの最高裁判所の弁護士ピンキー・アナンドは、ご家族の支えを得て本書を完成されたと語っています。特に原動力となったのが、社会問題に関心がある大学生のお嬢さんガウリ・ゴブルドゥンさんだそうです。

インドの人口は二〇二〇年に約十三億八千万人以上になりました。その八十パーセント以上の人々がヒンドゥー教徒です。ヒンドゥー教の女神ラクシュミーをお祝いするディーワーリー（ディワリ）の祭り、インドのお正月が二〇二〇年は今日、十一月十四日にあたります。新年を祝う光のフェスティバルで、私が最初にインドに行ったのが一九七八年のディーワーリーの日でした。あの日から四十二年もたちました。インドと日本を往復する生活が続きました。その間にインディラ・ガンディー首相や長男ラジヴ・ガンディーの暗殺（本書第11章参照）、その直後の出来事や、さまざまな事件に遭遇してきました。本書に取り上げられている他の事件についても知っているものがほとんどでした。タンドール殺人事件(第8章)が起きる前はホテル・アショク・ヤトリ・ニヴァスでしたが、何度か宿泊したこともあり、事件には驚きました。本書が取り上げる多くの事件に登場する最高裁判所弁護士ラム・ジェトマラニ氏もよく知っていました。彼のお嬢さんで同じく最高裁判所弁護士をされていた故ラーニ・ジェトマラニと友達だったからです。

本書にもある通り、インドでは有力なコネや賄賂が有効に働く場合も少なからずあり、犯罪者が罪を逃れようとします。しかし、マスコミは、聞いてもらえない人々の声であり、マスコミや市民が騒ぎ立てることにより、有罪判決に至る事件も少なくありません。そういう意味でもインドでは、テレビやマスコミ機関の役割は非常に重要であり、そうした重要な働きをしています。

第1章で扱っている二十三歳の医学生ニルバヤが集団レイプされた事件は、二〇一二年十二月に起こりましたが、インド中で抗議する男女の姿をニューデリーでテレビを通して見ることができました。今まで見たことがないほどの大きな激しい抗議活動がニューデリーでも行われていました。参加者の数の多さに驚きました。滞在先ホテルから抗議活動の現場にも行きました。

このレイプ事件について、断片的でなく、深く追求したインド人の書き手による正確でしっかりした本の出版を待っていました。そして二〇一八年に本原書に出会いました。

ニルバヤの事件を起した犯罪者六人のうち、一人は逮捕後まもなく独房で自殺をし、一人は未成年であるという理由で、釈放されました。残りの四人には裁判が行われました。

彼らに与えられた嘆願の権利もすべて認められ、死刑執行も二〇二〇年一月十七日から二月一日に、さらに三月三日と三度延期されました。そして二〇二〇年三月二十日早朝に四人に絞首刑の刑が執行されました。この事件をめぐってさまざまな法改正が実現されました。

その頃、三月二十五日の段階で、インドの新型コロナウイルス感染者は562人でした。モディー首相は感染の拡大を恐れ二十五日から三週間、全土封鎖を発表しました。四月六日には3588人に、その後、増え続けています。十一月十四日も世界最多が人口約三億二千万のアメリカで感染者数が1055万7551人でした。人口約十三億八千万のインドがそれに次ぎ872万8795人となりました。早く終息する日がくることを願っています。

インドでレイプ、人身売買、幼児婚、胎児殺し、名誉殺人などの要因はジェンダー不平等にあると原著者は嘆いています。しかし、ジェンダー不平等に関して言えば、日本の方がインドより不平等なのです。世界経済フォーラム（WEF）の「世界男女格差レポート二〇二〇」（Global Gender GapIndex Report 2020）によると、世界一五三カ国中、一位のアイスランドは男女平等度が世界で一番高く、インドは一一二位でした。インドにはさまざまな問題もありますが、政治や経済も含め社会で指導的な立場で活躍する女性たちが少なくありません。日本の順位はそれより低く、一二一位でした。この報告書は毎年発表されていますが、日本は年々順位を落としています。政治と経済の分野のスコアが著しく低いためです。

最後になってしまいましたが、本書の出版にあたり、こころよく引き受けて下さいました代表取締役社長の上浦英俊氏に感謝いたします。

二〇二〇年十一月十四日　インドの新年の日に

鳥居千代香

【訳者紹介】

鳥居千代香 (Chiyoka Torii)

インド国立インド工科大学（IIT）デリー校大学院博士課程一部修了．インド国立ジャワーハルラール・ネルー大学（JNU）より博士号（Ph.D.）取得，社会科学博士，社会学博士，英文学修士．

JNU 専任講師、前帝京大学外国語学部教授．日本記者クラブ会員．

著書に『インド女性学入門』(新水社)．共著に『アジアの女性指導者たち』(筑摩書房)など多数．インド関係訳書に『ガンディーの言葉』(岩波書店)，『インドの女性たちの肖像』『ダウリーと闘い続けて』『インド　姿を消す娘たちを探して』『インドの社会と名誉殺人』『インドの代理母たち』（共に，柘植書房新社)，『デーヴダース』（出帆新社)，『インドの女性問題とジェンダー』『マザー・テレサ』『インドの女たち』（共に，明石書店)，『インド盗賊の女王―プーラン・デヴィの真実』（未来社)，『焼かれる花嫁』『幼い未亡人』『インド　寺院の売春婦』（共に，三一書房)，『インドのコールガール』（新宿書房)．イスラム関係訳書に『アミーナ』（彩流社)，『女子割礼』(明石書店)，『女性に天国はあるのか』『あるフェミニストの告白』(共に，未来社)，『０度の女』『神はナイルに死す』『女子刑務所』『目撃者』(共に，三一書房)，『イマームの転落』（草思社)，『女ひとり世界を往く』『アラブの女』（共に，図書出版社)．アメリカ関係訳書に『ヒラリー・クリントン』（東洋書林)，『女優ジョディ・フォスター』（未来社)．他に『世界の女性』（家政教育社)，『ユーゴスラヴィア　民族浄化のためのレイプ』(柘植書房新社）などがある．

■著者　ピンキー・アナンド（Pinky　Anand）
　　　　ガウリ・ゴブルドゥン（Gauri　Goburdhun）

インド最高裁判所上級弁護士．インド弁護士会副会長．インド法務次官．インドのノイダにあるアミティ法科大学院名誉教授．インド人民党（現政権）のスポークスパーソン．

レディ・シュリ・ラム・カレッジ（1974-77年）．経済学学士号取得．デリー大学法学部(1977-80年)．法学学士号取得。

インドの財団から奨学金を得てアメリカのハーヴァード大学法科大学院留学（1980-81年）．法学修士号取得．インドのオリッサ州ブバネーシュワルにあるKIIT大学より2012年に法学博士号取得．

ガウリ・ゴブルドゥンはピンキー・アナンドの娘．

■訳者　鳥居　千代香（とりい　ちよか）

インド社会を変えた事件—社会と司法制度の相互関係

2021年5月25日第１刷発行　定価3000円＋税

著　者　ピンキー・アナンド、ガウリ・ゴブルドゥン
訳　者　鳥居　千代香
装　丁　市村繁和（i-Media）
発　行　柘植《つげ》書房新社
〒113-0001　東京都文京区白山1-2-10　秋田ハウス102
TEL03（3818）9270　FAX03（3818）9274
https://www.tsugeshobo.com
郵便振替00160-4-113372
印刷製本　創栄図書印刷株式会社

乱丁・落丁はお取り替えいたします。　ISBN978-4-8068-0738-4　C0030

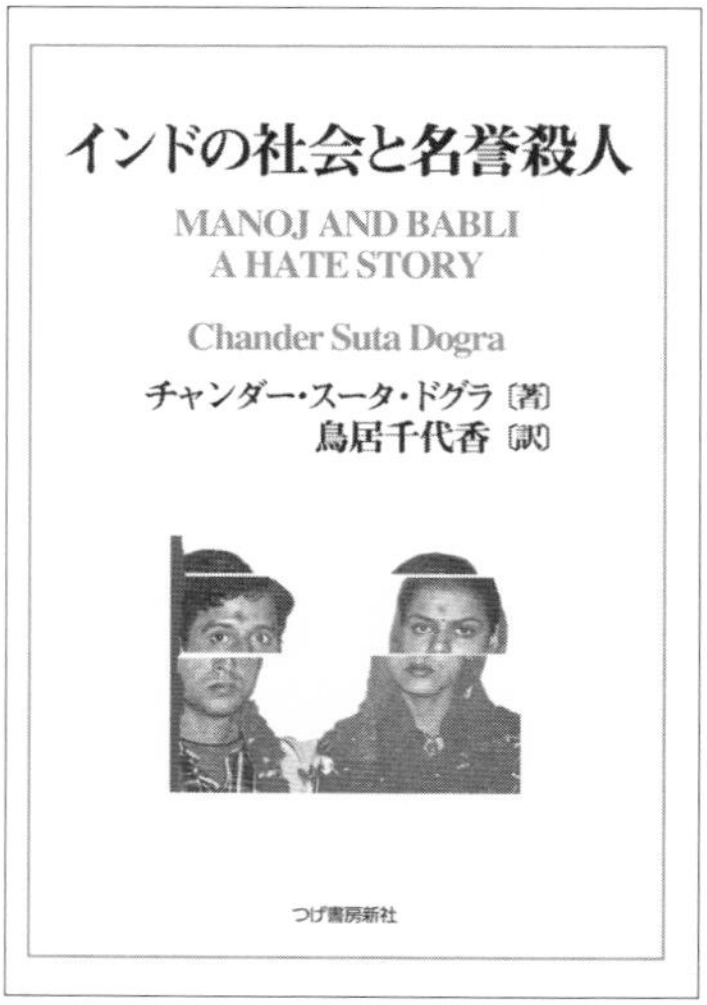

インドの社会と名誉殺人
チャンダー・スータ・ドグラ著
鳥居千代香訳
定価 2500 円 + 税
ISBN978-4-8068-0677-6

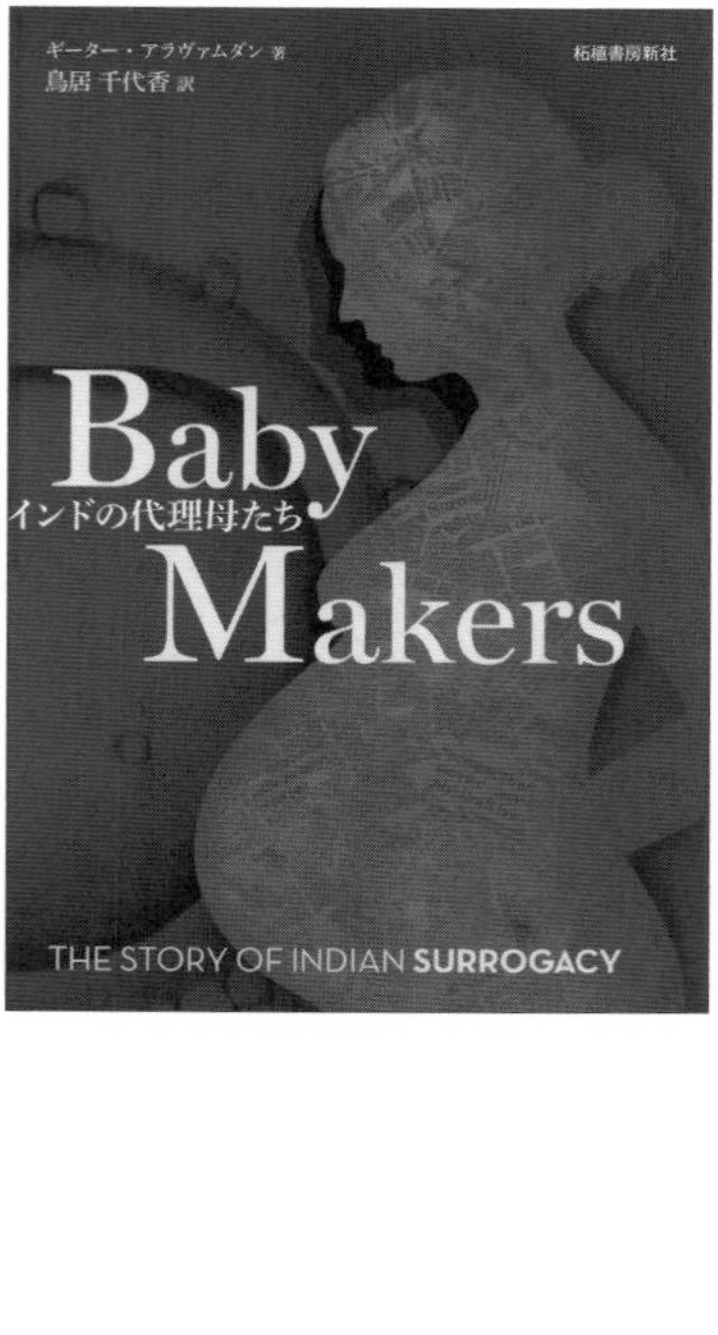

インドの代理母たち
ギーター・アラヴァムダン著
鳥居千代香訳
定価 2300 円 + 税
ISBN978-4-8068-0708-7